林用正老師

課堂讀寫36計

林用正◎文　BOB◎圖

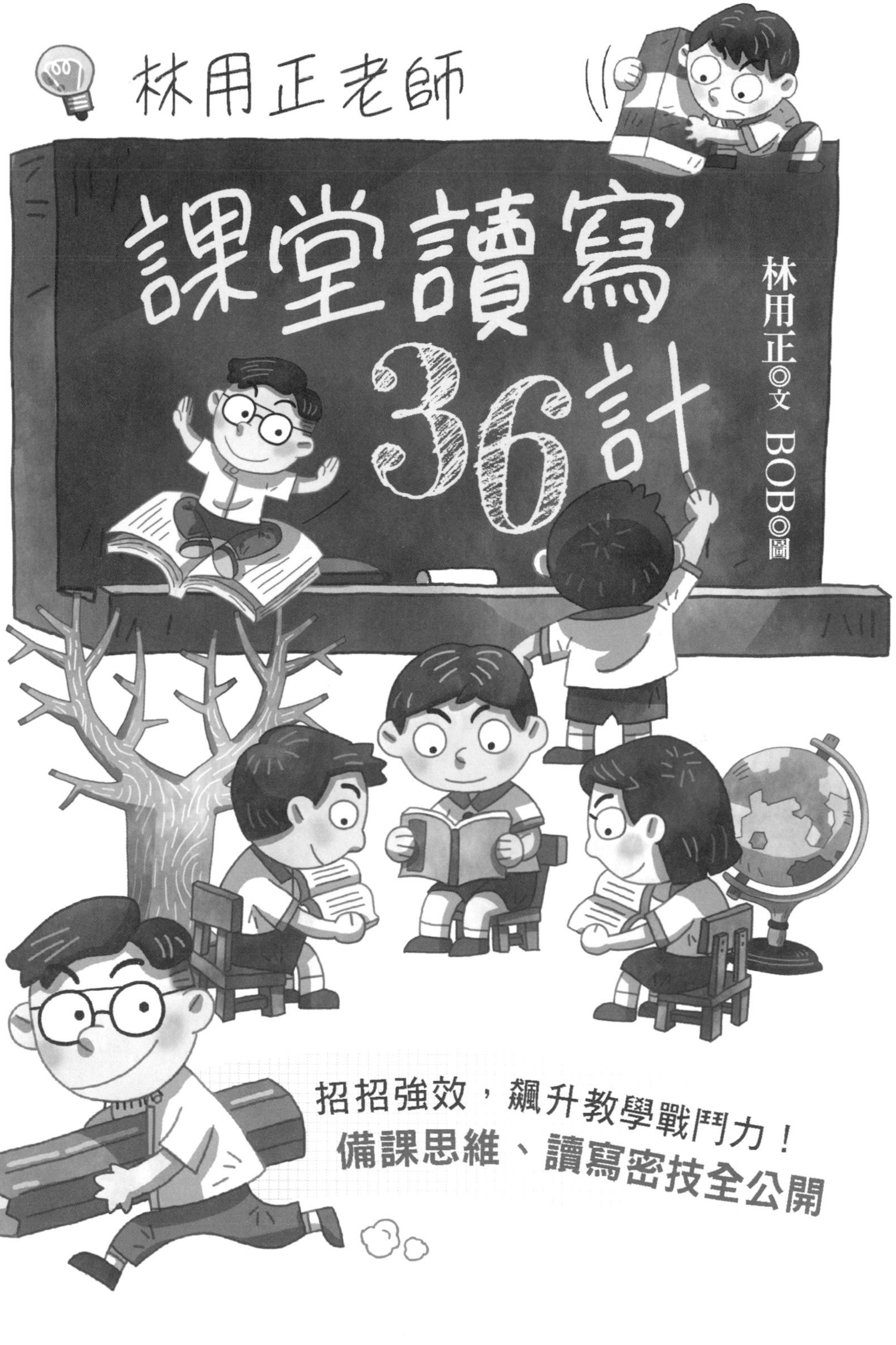

招招強效，飆升教學戰鬥力！
備課思維、讀寫密技全公開

推薦序

在用正老師的班級裡學讀寫，
是件幸福的事！

林偉文（國立臺北教育大學教育學系教授）

　　學習，需要透過文化的涵育，才能培養出知識、能力、態度與習慣；讀寫教學，不僅是知識、能力的培養，更需要培養孩子喜愛讀寫，並在讀寫中發揮創意，享受讀寫的樂趣；在用正老師的課堂裡，我們可以看到讀寫文化的形塑，36計裡，也看見用正老師的創意與實踐智慧，他從讀寫的常、質、序、量、趣，帶領學生一步步扎實的培養出讀寫能力與興趣；運用讀報、班級經營、日常聯絡簿、八格本、學校活動、寫作測驗等等各種具體可行的策略與巧思，讓孩子涵養出讀寫的良好習慣；看似平凡無奇的教學日常，用正老師卻充滿創意的豐富了孩子的學習生活；而且這些作法在教師同儕中，可以立即轉化運用在自己的教學中。36計，每一計都有令人驚豔的亮點，計計精彩，計計都是奇招妙法！在用正老師的班級裡學讀寫，是件幸福的事！

36計，將「計」就「計」！

陳麗雲（新北市修德國小退休教師）

「世上所有的相遇，都是久別重逢。」臉書跳出六年前此時（2017年5/6、5/7），我在高雄有兩天的演講，這正是我和用正老師的首次相遇。當時，真的沒想到這場遇見，會開啟我和用正老師的深刻緣分，改變了我和他的生命拼圖呀！

真正與用正老師交會對話，是在那年暑假。我在彰化有兩場語文工作坊，每場各兩天。用正老師竟然從屏東開車到彰化「追研習」，七月來兩天，八月又來兩天。在這期間，他在臉書寫下他聽完研習後，回校帶暑假營隊的實踐心得。讓我驚嘆：真是一位用心又高效的老師啊！就是這個努力學習的身影，讓我對他留下深刻印象。

一切都是剛剛好！那年我們邀請要在福州「新課堂‧新教師」上示範課的伙伴，突然有狀況，教授要我立刻找人補上。腦袋裡靈光一閃，浮現的就是用正老師的身影。我打電話給他，邀請他接受海外

的挑戰。從未有大型公開課經驗的他，錯愕停頓了幾秒鐘，只問：

「麗雲老師會陪我備課嗎？」我當然說「好！」就這樣，開啟了我們

之間深刻的師徒情緣；也從那時開始，他喚我「老師」，而不是「麗

雲老師」。

那些年，我們不僅走遍全臺講課，我還邀請他一起到新加坡、

昆明、深圳、青島、鄭州等地學習。在我首度接受海外系列直播課程

邀約時，幸好有用正和伙伴們一起踏上旅途，締造歷史的路就這樣展

開了。那些篳路藍縷的曾經，雖然已風乾成為香醇故事，但回首來時

路，始終美好且燦爛！

《林用正老師課堂讀寫36計》正是用正化用所學，加入他獨特

的幽默創新視角，終能採擷的碩果。只有日日涓滴積累，才能成就日

後偉大爆發。書籍共分五章，我細讀後，綜整如下：

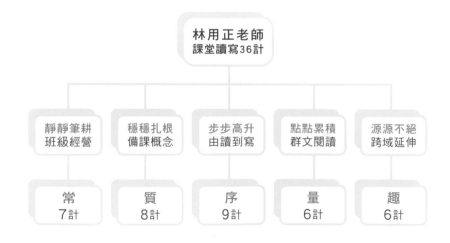

讀寫36計，閱讀有妙計，寫作有好計，計計有設計！每一計皆具巧思，匯聚了用正在課堂上和學生共舞的故事，實用簡單好上手，值得老師們試試看後轉化創新。

　　教育是百年大計，你的讀寫有幾計呢？如果「無計可施」，那就可以按此書「依計行事」。在「數以千計」、「難以估計」的策略中，用正老師「千方百計」精挑出這三十六個「錦囊妙計」為你「獻技」，你怎能錯過？「為今之計」就是讓我們以此36計，「將計就計」，「讀」為上策！

時間，環繞繁星，鑿出天穹；
讀寫，擁抱時間，築出宇宙

一年半過去了，這本書終於和各位見面了。

我一直對於語文教學有著濃厚的興趣，這本書的內容與教學課例根植於這幾年來的不斷學習。我站在巨人的肩膀上讓教學更具宏觀，也蹲點孩子的身旁讓實踐更具微觀，再加點水瓶座天馬行空的浪漫，塑造國語文課堂教學的多元、創意、趣味、有效的鑽石面貌。

記得在2017年5月6日陳麗雲老師的語文研習中，我看見了語文教學更多的可能性，慶幸自己有機會可以在麗雲老師身旁學習，從臺灣至國外，從實體課程至線上教學，麗雲老師逐步帶著我建構了我的語文觀，這片閃亮耀眼的宇宙，是麗雲老師提拉著我的手所看見的。所以能夠出版這本書，我要先謝謝麗雲老師。

第二個感謝，我要獻給那一群帶給我歡笑的寶貝，這本書收錄了我在中正國小這幾年的教學紀錄及成果，他們的奇思妙想激發我在教學上無邊無際的想像，他們的回應促使我在課程上有更縝密的思

考。前一陣子和我帶過的美術班孩子吃飯，其中一個孩子（孟頡）說：「老師，我現在會考作文模擬考都五級分，我把老師國小教我們的運用上去就對了。」這句話讓我堅信自己走在讀寫的正道之上，在教學相長的旅程中，我們在平凡中創造偉大，在偉大中靜待平凡，課堂裡的每一抹微笑，成為我教師生涯的魔力印記。

在這本書中，我從「日常、質、量、序列、趣味」五大面向切入讀寫教學，大至從領綱解讀每個學習階段的讀寫任務，小至從天天都可做的日常讀寫，涓滴匯聚成讀寫的湛藍海洋，讓老師可以自在的泅游於其中，讀了就能懂，懂了就運用。

這幾年新課綱強調「素養」，我自己對於素養的定義即是「學以致用」，因此在這本書的課例中，會引導老師們進行學習遷移，從重要的語文教學點出發，因此不管國語文授課是使用哪一個版本都能輕鬆上手，教師成為教室中的素養代言人。

大城故事已翻頁，幾成黃昏的歲月，臨淵羨魚，不如退而結網，書山有徑，直指勤字，勤於閱讀，讓我們讀懂文章、讀出意涵、學會寫作、享受閱讀。

誠如馬拉拉所言：「一個孩子，一個老師，一本書，一枝筆，可以改變這個世界。」我願意用「一本書和一枝筆」替孩子撐起這個美麗世界。

目錄

單元二

讀寫的質
穩穩扎根

單元三

讀寫的序
步步高升

單元四

讀寫的量
點點累積

單元五

讀寫的趣
源源不絕

讀寫錦囊妙計──計中計

◆36計絕非獨立使用，使用連環計將會讓您功力大增，突飛猛進。所以，您在這本書中會閱讀到互相參閱的章節，一計加一計，讓功力更突破。

◆36計囊括新舊課綱課例，新課新鮮有趣，舊課迷人香醇。所以，重點是學會「計」法，新舊課綱課例一把抓，步步進攻讀寫語林。

◆36計涵括三大門派（康、翰、南），掌握36計，您將成為語文新共主。所以，最後附錄的同文體的三大版本課文彙整，讓您打破門派疆界，行走如風，淡定如鐘。

◆36計教您實打實的真功夫，每一計都可以好好蹲馬步練功，呼吸吐納，鬆靜允樂。所以，找到好朋友一起打通任督二脈，解開讀寫氣結，游刃有餘，全身舒暢。

讀寫的常

月日 值日生…

靜靜筆耕

聯絡簿、八格本、定期評量……
基本盤大變身,讓小學日常從枯燥
乏味變新奇有趣的魔法術。

第1計 　＼打開心窗的鑰匙／

聯絡簿大變身

　　我曾經在網路上讀過一篇文章，標題是「沒有聯絡簿的以色列，放手讓孩子走更遠」，從中可窺見師長的心聲，期盼孩子學習對自己負責。在臺灣，因國情及制度不同，教育方法也有些差異。我們先試著想一想：如果沒有聯絡簿，孩子要如何記錄今天回家後該做的事情？是不是也得準備紙張或筆記本呢？

　　在我心中，聯絡簿是培養孩子自律的工具，引導孩子每天按部就班做好己任，這小小一本簿本就是學習的開始。

　　而人人一本的聯絡簿，老師每天都得批閱，孩子每天都得記錄，家長每天都得簽名，既然是一本「翻閱率」極高的簿本，老師何不把握絕佳機會培養孩子的能力？這是導入語文教學與班級經營的絕佳時機呢！

正會這麼做

聯絡簿基本上分成三個部分：上方記錄回家功課、下方心情日記、左側班級經營（體溫測量、考試分數登記……），每一個部分都可以融入語文教學，讓聯絡簿的運用更加豐富多元。

一、心情日記

讓學生寫日記是我帶班的習慣，透過日記的書寫，讓孩子學習「觀察力」和「感受力」，將每天所發現的小事件，寫出大啟發，提升「以小見大」的寫作能力。但是，寫日記卻是許多學生頭痛的項目，因為接觸過多的聲光效果，反而讓感受力降低了。

要把什麼事情寫進日記呢？可以依據事件發生的頻率來取捨：每天發生的事情不寫、偶爾發生的事情可以記錄、從未發生過的事情必寫，讓孩子掌握大原則，寫出每一個有別於昨天的今天，而非如老太太裹腳布之流水帳。

班上的男生喜歡到籃球場打球，日記總是寫打籃球的過程，所以關於打籃球的日記就可以不用一直出現，但如果因打籃球而手指「吃蘿蔔」，就值得好好書寫。

二、讀報時事

　　老師可以張貼國語日報上的文章來進行親子共讀，學生閱讀文章後寫下簡單版的讀報心得，內容包括：十個字記錄標題，三十字簡述內容，三十字陳述感受或寫出啟發，有次序的從報紙中讀出重點並作記錄，老師可以從中了解孩子的摘要能力及詮釋能力是否鞏固。

三、朝會報告九宮格

　　朝會有時過於漫長，學生容易失去專注力，陷入枯坐狀態。可是，臺上正在報告的內容，可說是生活教育的提醒，學生一定要記在心中。為了避免孩子枯坐的現象，每週的朝會時間，我會

以九宮格形式記錄朝會重點

讓他們在聯絡簿繪製九宮格，寫下今天報告的重點，增強聽記的學習，老師也可以少去碎碎念的嘮叨時間。

將影片網址轉成QR Code
分享於聯絡簿上

四、聽演講做學問

　　網路影音平臺上有許多適合孩子觀賞的演講影片，若在課堂上觀看較耗時，可將影片網址轉成QR Code貼在聯絡簿。鼓勵家長在簽名時，和孩子多聊聊與影片相

關的內容，讓親子間多些聊天的話題。網路影片的運用，適合融入各領域教學，讓「滑世代」的孩子在影像閱讀中抒發感受。聯絡簿空白處，就是表達自己獨特觀點的空間。

五、議論文雛形

將報紙上具有正反觀點的新聞剪下，讓學生以姓名貼的方式進行贊成或反對的投票，並於當天的聯絡簿

以議論文雛形闡述觀點

中，以「議論文雛形」的方式，有順序的闡述自己的觀點，達到言之有物、言之有理，及言之有序的訓練，我們可以看見孩子多元的想法，孩子也可以選擇有興趣的主題與家長進行討論。

六、考前重點猜題

每當國語考試接近時，我會請學生在聯絡簿上進行考前重點猜題，可以結合班級經營，進行「猜題大觀園」的活動。每一個學生打開自己在聯絡簿中的猜題，與同儕彼此觀摩交換重點，從中找出自己沒有注意到的

「猜題大觀園」結合考前猜題與班級經營

部分，並記錄在筆記上，達到相互學習的效果。

七、名言佳句

適時補充與課文內容搭配的名言佳句，增加孩子寫作的文采。我每週補充一至二則名言佳句，讓孩子抄在聯絡簿並背誦。

名言佳句的選擇，建議與近期要寫的作文題目有關，讓孩子可以學以致用，否則就只是句子的堆砌與累積罷了。我很喜歡108課綱中南一版本的三年級國語課本，在每個單元頁中，都呈現了一句與單元主題相關的名言佳句，很適合運用在單元統整的作文練習上。

正想對你說

　　聯絡簿是親師聯繫最基本的管道，除了溝通協調外，更是展現學生學習成果、檢核學習成效以及活化學習樣貌的好機會，其中，語文領域的應用更是基本，可以將班級經營與語文學習結合在一起。

　　以前新北市和桃園市都有自己的品格教育聯絡簿，有些基金會也發行不同的版本，加入更多主題性的文章，讓聯絡簿的功用更加多元。

　　聯絡簿的最大特點，就是親師生都會天天翻閱，故應該把握此特點來「大做文章」，聯絡簿裡的閱讀媒材都可以提供親子共讀使用。

　　有的老師會問：「既然要讓孩子寫日記，是不是應該寫在額外的本子，效果會不會更好？」我認為孩子寫在聯絡簿裡的日記內容也值得家長參考，變成親子溝通的管道。有一次，班上的孩子在日記寫下放學後的行程，除了要上安親班外，還有一堆補習課程，在字裡行間可以感受到他的無奈與辛苦，家長讀後也更能理解孩子無形的壓力。

　　善用聯絡簿可以創造更多的學習機會，不妨讓小小一本聯絡簿成為打開彼此心窗的鑰匙吧！

第2計 ＼教學評三位一體／

寫作測驗微革命

　　我曾調查過分屬不同區域的老師，他們的學校是否會在定期評量時加入寫作測驗，十位老師中，只有兩位的學校有此傳統，到底該不該將重要的寫作能力與評量測驗綁在一起呢？

　　我認為評量的終極目的是檢核「教」與「學」，能否達到原訂目標，正所謂「教學評三位一體」，老師的教學、學生的學習和評量測驗是環環相扣的。在國語文領域中，最重要的就是培養孩子的語文運用能力，包括輸入的「聽、讀」和輸出的「說、寫」，而語用能力會在不斷實踐的歷程中養成。

　　既然「教學評三位一體」，老師教什麼、學生學什麼、評量評什麼、便成為課堂學習的主軸，那麼在定期評量中，寫作測驗該如何呈現呢？

 **正會這麼做**

定期評量時間為五十分鐘，有的學校因應考作文會延長時間。大部分定期評量中的寫作，會以造句、照樣造句以及短文形式呈現。

一、造句

可以分成詞語造句和句型造句。二者可以個別出現，若能相互結合為佳，如：請自由選擇三個詞語，並運用所提供的句型，寫一篇關於「運動會」的短文。

二、照樣造句

照樣造句是仿寫句子的練習。有些考題會在一個句子中出現太多的括弧，要讓學生作答，例如：

（踩）著（重重的）（腳步）

若學生答案呈現（吃）著（好吃的）（便當）

老師是否覺得哪裡怪怪的？若這是低年級的題目，回答這樣的答案是沒有問題的；若這是高年級的題目，似乎沒有考量到學生的年段與程度。

那該如何解決呢？如果我們可以在括弧裡先給一個答案來限制情境，讓孩子在所設定的情境下進行思考，考題會較具有意義，如：

（　　）著（溼溼的）（　　　　）。

三、短文

可以利用課本出現的詞語，搭配課內的句型來限定使用，這樣的考題可以檢核孩子詞語的理解運用是否妥當。但要特別注意：有些孩子為了刻意使用詞語，因而寫出文句不流暢的短文，因此在平時詞語造句的作業批改時，就要注意孩子短文創作的邏輯性。

四、一題多用

通常在國語試卷中的第一大題為國字注音，國字注音的考試最好能以「句子」的形式呈現，畢竟「字不離詞，詞不離句」，詞語正確運用在句子中才會產生意義。所以，國語試卷中的國字注音考題，最該避免的就是「詞語式」的考題。

行有餘力，能以「文章」的形式更好，因為學生作答時也閱讀了一篇文章。

這樣的「文章式國字注音」考題，可以加上閱讀測驗，達成「一道題目二個作用」（一題二用），甚至於再結合寫作練習，如，第一大題的故事尚未完成，請學生掌握故事接寫的原則，繼續往下接寫。

這樣的考題方式新穎，可以評測學生的綜合讀寫能力。

一題多用試卷設計方向

國字注音　　改錯字　　閱讀測驗　　幫文章訂一個題目　　文章接寫　　重述故事

五、命題作文

　　若選擇命題作文，有時學校為了減少老師負擔，會將定期評量的寫作測驗列入整個學期作文抽查的次數，這樣的作法不但可以評量學生的寫作能力，也可以讓老師檢視自己的寫作教學方法。

　　高年級的考題可以仿照國中會考形式進行，測驗時間為五十分鐘，並在試卷上明示該篇作文評分的規則，老師在批閱時根據評分標準來進行，這樣的評量結果較具公平性。

　　平時老師在備課時找出每一課的寫作訓練點，讓學生練習並運用在作文中。定期評量時，以該次範圍中重要的寫作訓練點作為學生的寫作要求，也作為老師批閱的評分標準，如此便可有效結合老師的教、學生的學、寫作的練、批閱的改。（參考第24計引導學生如何修改文章）

作文備課　➡　作文教學　➡　作文評量　➡　作文批閱

正 想 對 你 說

有些孩子在寫造句時，完全無需思考，直覺反應寫下句子，我甚至還發現：同一間安親班的小朋友，寫的造句是一樣的。我問了同學，小朋友一臉淡然回答：「安親班老師叫我們都寫這一句，考試的時候比較不會寫錯字被扣分。」

當評量創作能力的造句考題，誤打誤撞成了句子背誦，喪失評量的意義時，我們可以怎麼做？我的做法是將錯別字的扣分設區間，如，一字到三字扣一分，四字到六字扣二分，以此類推，最多就是扣三分，讓學生可以勇於創作，不要因為害怕錯字被扣分而侷限自己的想法，這才合乎寫作的意義。

大家可以瀏覽會考網站（https://cap.rcpet.edu.tw/index.html），每次的寫作測驗都有公布樣卷，在109年所公布的第七份六級分作文，文章結構完整，前後呼應一氣呵成，將想法具體呈現，雖然文中共有十七個錯字，依舊獲得青睞，得到六級分。

第3計 ＼導入九大句型／

佳句鍛鍊法

在備課要找寫作訓練點時，除了課文的獨特寫法外，句型練習一直是寫作備課中不可或缺的重點，句型可謂是習作和課本的常客，也是寫作練習的首選。

當我們打開國語習作，至少都會出現一個頁面是讓孩子練習寫句子，例如：

・先看圖完成句子，再用「……終於……」另外造一個句子。

（引自康軒三上習作第41頁）

・「人類把我們的家園占為己有，使我們的生活空間越來越小，食物來源也越來越少。」參考這句話的句型，用「……越來越……也越來越……」造句。（引自南一三上習作第80頁）

・觀察圖片，用「如果……就……」造句。（引自翰林三上習作第33頁）

　　三大版本教科書都會將句子練習設計進習作，畢竟語文學習的序列為字、詞、句、段、篇，句子被賦予承上啟下的重要角色。當學生寫出有品質的句子，不但能夠鞏固字與詞的學習，還能進一步形成段落與篇章寫作的基礎。誠如上一篇所言「字不離詞，詞不離句」，句子概括了字與詞的學習，相較於生字或圈詞的機械性書寫，孩子能寫出有品質的句子是更具意義的。

　　在課綱的「學習表現」向度中，「6-Ⅰ-3：寫出語意完整的句子、主題明確的段落」，揭示低年級重要的寫作任務，而「6-Ⅱ-4：書寫記敘、應用、說明事物的作品」，則可了解中年級必須要寫出成篇的作文。所以國小三年級是從「句」的能力進展至「篇」的能力的關鍵期。從這兩個學習表現，更可以窺見寫作的序列性，按部就班的指引孩子進行寫作學習。

　　在「學習內容」向度中，「Ac-Ⅱ-2：各種基本句型」、「Ac-Ⅱ-3：基礎複句的意義」都提醒了「句」的重要性，從基本句型到基礎複句的應用，同樣強調語文教學的序列性。

正會這麼做

　　既然寫句子這麼重要，我們可以如何進行教學呢？句子的鍛鍊是有步驟的，循序漸進的指導，讓孩子先建立基礎（求有），再慢慢進行細緻引導（求好）。

確保能寫四素句　　　導入九大句型　　　讓句子描寫更具體

　　首先，確保學生能寫四素句；接著導入句型的運用；最後，讓句子的描寫更加具體。

一、確保學生能寫四素句

　　句子最簡單的形式為「什麼人＋做什麼事。」（二素句），進階則以前者為基礎，加上「時間、地點」（四素句）。為什麼低年級的孩子得鞏固寫四素句的能力呢？因為到了中年級時，四素句的寫法會成為課文中的第一段，以四素句來交代故事的起因，例如：

　　·珍·古德從小就對動物特別感興趣，她二十六歲時便前往非洲研究黑猩猩。（引自南一三上課本〈黑猩猩守護者〉第一段）

　　·有一天，發明小天使來到人間，遇到一根拐杖。（引自翰林三上課本〈神奇的盒子〉第一段）

．今天是學校的戶外教育日，我們參觀的地點是位於臺南的安平古堡。（引自康軒三上課本〈安平古堡參觀記〉第一段）

因此，低年級的學生一定要擁有寫四素句的能力，到了中年級，只要寫出四素句，就能寫出作文第一段的基本款，有效銜接低年級的句子到中年級的段落。

萬事起頭難，寫作時能寫出首段，就是好的開始。

二、導入九大句型的運用

句型的使用讓學生的作文擁有變化性，以「換句話說」的方式建構學生的寫作。

《現代漢語》一書提出九個複句的結構類型，舉例整理如下：

類型	句型	例句
並列關係	一方面……另一方面……、一邊……一邊……	妹妹一邊洗澡，一邊唱歌，真是開心。
承接關係	首先……然後……、一就……、先……再……	一想起上個星期發生的糗事，我的臉就紅了起來。
轉折關係	只是、不過、卻、然而、儘管……還是……	天氣熱時，喝下冰水很暢快，然而喝太急會容易造成身體不適。
選擇關係	是……還是……、或者……或者……、寧願……也不……	我寧願待在家裡寫功課，也不想在外面晒太陽。
遞進關係	不僅……也……、除了……還……、不但……而且……甚至……	在幾小時內，姊姊不僅將庭院打掃乾淨，也把回家作業寫完了。
假設關係	如果……也就……、要是……就……、假如……就……、倘若、即使	要是你把這個蛋糕吃完，我就沒有點心可以吃了。
條件關係	只要……就……、只要……才……、除非……否則……、無論……都……	只要天氣放晴，我們就去山上露營吧！
因果關係	因為、由於、因此既然……就……	由於你的幫忙，讓我可以順利完成任務，真是太感謝你了！
目的關係	為了……、免得……	為了這個艱鉅的任務，他上山下海尋找答案。

在句型的教學中，首重句型的理解，找出複句之間的關聯後再進行寫作，要先讀懂句子才能寫好句子。

以轉折關係的句子為例，例句「天氣熱時，喝下冰水很暢快，然而喝太急會容易造成身體不適。」老師要引導學生發現：喝冰水喝太急會容易造成不適，後面的句子才是重點，此時帶出「轉折關係」才有意義。

三、讓句子描寫更具體

當學生利用句型造句時，老師要給情境才會促進思考，讓孩子的表達更加有變化、有層次。我們可以一魚二吃，結合閱讀與教學來進行。

幾年前，走在學校的走廊上，最紅的玩具非「指尖陀螺」莫屬，人手一個，蔚為風潮。其實，指尖陀螺最早是設計給自閉症的孩子，因為他們看到旋轉的物品會特別專注。但這股旋風吹進校園時，老師的確不太開心，因為小朋友會在上課時間玩。

我挑選了關於指尖陀螺的文章，給學生閱讀，文章末段提到「究竟指尖陀螺是會讓我們更專心還是分心呢？」試著讓學生就此來發表自己的看法和理由，但學生必須結合課本提到的句型來造句，讓句型成為讀寫的鷹架。

當我們給了孩子一個情境後，學生能設身處地思考，引發更多的想法。不管學生是贊成或是反對將指尖陀螺帶到學校，只要能夠用句型寫出自己的想法，都值得嘉許，這樣也同步練習「換句話說」的能力，讓一個任務包裝許多能力的鍛鍊，教學才會更有效率。

學生為了支撐自己的觀點，在特定情境中會反覆的思索與創作，以「指尖陀螺讓人分心」的觀點為例，完成以下句子練習：

假如…… 不就……	假如大家都喜歡玩指尖陀螺，小孩子就會顧著玩，沒辦法專心學習，這樣不就影響了許多孩子的進度嗎？
既然…… 那麼……	既然指尖陀螺會讓小孩分心，那麼學校就禁止大家帶指尖陀螺來上學了。
除了…… 更……	指尖陀螺除了會讓大家分心，更誇張的是，跟同學玩壞了，又會有糾紛，老師、家長都覺得很麻煩。
果然	果然，不出我所預料，許多男生上課時，就在桌子下玩指尖陀螺，老師們也很難處理。
不但…… 還能	指尖陀螺不但能發生許多紛爭，還能讓學生分心，老師覺得指尖陀螺讓人分心，所以最好不要帶到學校。

正 想 對 你 說

　　造句是寫作的練習，導入情境可以增進學生的思考力，圖片或文字情境敘述都是很好的作法，反之，若造句變成抄寫背誦的句子，那就喪失造句練習的用意了。

第4計 ＼讀報教學心法／

一個銅板獲得全世界

　　報紙是開拓視野及國際觀最好的教材，每天讀報有如每天補充維他命Ｃ。我在班級裡推動讀報教育，曾入選國語日報實驗班。讀報幫孩子開了一扇窗，每天吸取新知之餘，更能閱讀多元的優選作文。除了自己班級申請讀報實驗班外，我也幫全校有意願的班級申請，更提供老師們各種讀報活動，活絡全校讀報教育的熱度。

　　小小一份報紙開啟了學生通往課外閱讀的大門，報紙的內容五花八門，什麼主題都有，大人小孩都適合，只要一個銅板就能買到全世界。

　　記得某一次校內社群如火如荼討論如何推動讀報，最後的結論卻是「時間不夠」，課都上不完了，哪有時間進行讀報教育？我也思考著如何在有限的時間帶著孩子讀報，通往閱讀的國度？

 正會這麼做

　　不同程度的涉入，帶著學生進行不同的學習，從最簡單的「讀了」到「讀寫」，都能有不同程度的收穫。

讀了	讀完	讀通	讀廣	讀寫
隨意瀏覽，務必閱讀。	從頭版翻到最後，分享最有印象的內容。	單一主題剪報。	從課文做延伸閱讀。	綜合寫作教學

一、主題剪報

　　結合綜合領域及健康領域，指導學生進行主題剪報。首先，指導學生設定主題；其次，利用下課時間閱讀國語日報並有系統的收集資料；接著，剪下自己所需要的報紙：然後，加入文字、表格、圖片等進行編輯；最後，進行美化版面部分。

　　剛開始帶著學生讀報時，我讓他們設定比較大的題目（寬題），這樣會比較好收集資料，進入第二次主題剪報時，則會調整為比較小的題目（窄題）。

　　以「國際放大鏡」為例，學生只要在報紙上看到其他國家的新聞就可以剪下來，若要更聚焦，則可以鎖定每一個區域或國家的介紹，從廣度到深度的引導。剪報可以搭配其他圖表讓畫面更加豐富，例如：世界地圖就適合融入「國際教育」剪報，除了知道國際大事，透過地圖對應還可以知道國家的位置，一魚多吃。

二、讀報維他命 C

　　每天由班級讀報長剪下報紙並貼在讀報版，以限量方式讓學生張貼「一句話便利貼」，隔天，同學用文字可以回應「一句話便利貼」，進行簡單的讀者互動。

　　為什麼採限量方式？因為以「飢餓行銷」的角度，讓學生搶著讀報紙，有讀就有獎勵，也不強迫每一個學生都要寫，而是自願發表心得，這樣也許會更有溫度。

　　老師要檢核孩子是否有讀報，千萬不要問太多的問題，反而破壞了讀報興致。我曾經以 U 型夾放入一份報紙，並以全班逐日輪流傳閱的方式，針對當天報紙，提出一個「驚嘆號」（報紙中讓我驚喜之處），和一個「問號」（報紙中讓我不大了解的內容），在每天傳閱的過程中，可以看到其他同學的想法，以此方式來進行交流回應，讓孩子把讀報知識「袋」著走。

三、看圖寫作

　　讀報連結國語文教學是老師常做的任務，可以從中擴充識字量，或是仿寫童詩、文章，而圖像也是報紙中常見的要素。我喜歡小亨利四格漫畫，也喜歡淘氣阿丹的單幅漫畫，或新聞報導中的圖片，都值得細細品味。

　　這些圖像都是結合寫作的利器，圖片提供了新的情境，讓學生運用課外的圖像來練習課內重要的寫作點。可以結合九宮格，導入課內的語文重點，或簡單的進行人物特色介紹、找出圖片中的名詞、觀察顏色、加入對話、觀察動作、加入想像、寫四素句、運用句型寫一寫。老師可以根據課本內容進行增刪，進行最有效的運用。

1.人物特色介紹	2.找出圖片中的名詞	3.觀察顏色
8.運用句型寫一寫		4.加入對話
7.寫四素句	6.加入想像	5.觀察動作

四、讀報結合十九大議題

新冠疫情剛爆發時，我讓學生在聯絡簿裡的短文日記寫的主題都與「疫情」有關，題目依序如下：國際大小事、臺灣大小事、學校大小事、班級大小事、個人大小事，從這五個面向來寫出自己與新冠肺炎的連結與感受。

過了一陣子，我發現有些學生的日記總離不開「勤洗手、噴酒精、戴口罩」，即使這三件事情很重要，但應該有更值得記錄的事，畢竟新冠肺炎所影響的層面很廣。我透過剪報來解決學生知識背景不足，以致寫作內容貧乏的問題。

剪報成果以心智圖呈現

根據十九大議題分類，讓學生分組剪報。

學生觀摩彼此作品

1. 剪報練習：學生分組剪報，剪下所有與新冠肺炎有關聯的新聞。

2. 思考分類：學生閱讀及思考剪報內容，將剪報依據課綱中十九大議題的連結來進行分類。

3. 成果分享：將分組剪報成果張貼在教室，學生觀摩其他組別的剪報。

4. 剪報紀錄：運用三面分析法（ＰＭＩ），先思考疫情帶來的「正面（Plus）」，再思考「負面（Minus）」，最後再考量「有趣面（Interesting）」，從這三個角度來重整自己在觀摩他組剪報中所察，藉以獲得更全面的想法，更平衡的觀點。

　　學生在ＰＭＩ三面分析中發現了新冠肺炎所帶來的不同影響，如：關在家裡有可能會發生家暴。當再仔細探究，西班牙、巴西和希臘三個國家在2020年的家暴通報率比2019年同期的數據高出百分之二十，臺灣則是高百分之五。原本學生對於「家暴」的理解就是要打113（宣導得很成功），但是這次分析意外的發現家暴問題與新冠肺炎的關係，連老師自己也有所學習。

　　結合議題的剪報讓思考更加全面，用議題連接生活，統整並活化訊息，有閱讀、有思考、有分享，師生一起共好。

學生的ＰＭＩ三面分析

P（正面）	M（負面）	I（有趣面）
1.臺灣在世界變有名	1.戴口罩很熱	1.各國對世界工廠說Bye Bye～（中國）
2.中國在世界被討厭	2.股市崩跌	2.各國支持臺灣加入WHO
3.動物可以跑出來	3.賣油的人賠錢（產油的國家）	3.有政府裝鬼去嚇偷跑出家門的人
4.黃金上漲（對有黃金的人是好事）	4.關在家裡，有些家庭會發生家暴	4.有一個非洲的國家公園有動物在馬路上睡覺
5.油價很便宜	5.必須一直保持社交距離	5.有羊跑去幼稚園玩遊戲器材
		6.有政府騙人說獅子在路上

五、新聞報導習寫

　　參考國語日報頭版新聞中記者的專業報導，結合課內所學，引導學生思考新聞報導和一般寫作之差異，並練習「新聞報導倒三角式」的寫法──重要訊息往前呈現，將閱讀過渡至寫作。

導言

正文

結論

新聞報導寫作的
倒三角結構

學生設計google標誌慶
祝屏東燈會，並擔任小
記者，練習寫一篇新聞
報導。

正 想 對 你 說

　　推行讀報，若是想著「做額外的事」，會有浪費時間的錯覺，要想著「用讀報來鞏固課內讀寫」，這樣才會事半功倍。讀報更是結合班級經營的利器，例如：值日生輪流於午餐時間讀出精選內容，孩子們可以選擇想要傳遞給大家的訊息，同時也可以訓練膽識。

第5計 ＼簿本活化練讀寫／

八格本創意翻轉

　　每個學期末，學年間總會調查下個學年度要使用哪些簿本，如，生字甲乙本、國語作業簿（格子本或直行本）、圖文日記本、數學八格本，以及每個學生一定會有的習作，以上都是搭配課本進行學習的基本配備。簿本的使用規劃與後續的作業安排會有極大的關係。

　　我的一星期作業安排，就會圍繞著這些簿本的操作進行，如何運用這些簿本來練習「字、詞、句、段、篇」，簡單的原則是：「機械練習點到為止、創意思考大做文章」，若是作業設計得宜，就能讓學生在進行創意書寫或思考作業時，扣緊課內基礎內容來學以致用，完成一份具有深度，又能檢核基本能力的作業。

　　另帶一提，我曾在網路上看到戴翠華老師（屏東縣忠孝國小，已退休）分享的簿本使用方式，將國語直行本運用於數學作業，將數學八格本運用於國語作業，如此跳脫框架的想法，也引發了我更多的想像，在班級中使用時也延伸出更多的做法與創意。

簿本的挑選攸關作業的安排，如何在有限的選擇中，創造無限的書寫價值，讓簿本空間跳脫傳統思考，成為讀寫的練功坊，都值得列入老師在寒暑假備課時的重大依據。

 正會這麼做

一、格子簿變身寒假作業

有關學生的寒暑假作業，我都是自行設計多元的任務，不買坊間的作業本，因為制式的內容彷彿是將國語和數學的試卷裝訂成冊，單一而無趣。

某一年寒假，發現之前買了太多的格子簿，我靈光一現，將要派給學生的任務，都在格子簿當中完成。

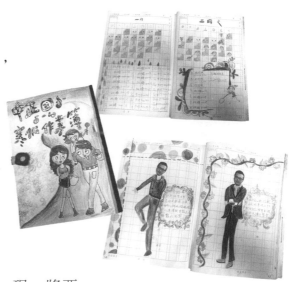

制式的格子簿變成
學生的創意練習場

我們將格子簿內頁轉化成寒假重大行事曆、閱讀行事曆、運動行事曆、故事接寫、句型練習、成語接龍、古詩文轉圖、小說接寫……等等。格子簿成了寒假作業，整本格子簿都是創意的展現與讀寫的鍛鍊。

二、八格本對裁應用

以往買八格本，是為了出「數八題」的作業讓學生練習，只是到學期末，八格本後面的頁面往往還有許多空白。有一次，在臉書社團看到戴翠華老師將八格本對裁的分享，開啟了我的簿本試驗。學期初，我就用裁切器將八格本對裁，上半部維持寫「數八題」的習慣，下半部則有不一樣的運用，請小朋友從生字甲乙本中找出一個生字成語，結合圖像進行四格漫畫。

生字成語八格設計如下：

四格漫畫1	四格漫畫2	生字成語寫一次	成語解釋
四格漫畫3	四格漫畫4	成語造句	成語漫畫大意

每個星期一次成語四格漫畫的作業，讓擅長圖像的學生，發揮自己的藝術腦。

考試前還可以將學生畫的四格漫畫遊戲化，進行有趣的複習。

首先，收集比較具有創意的作品並拍照；接著，請學生到臺上寫

出老師所讀出來的成語；然後，全班一起訂正黑板上的錯字；最後，老師將四格漫畫以投影片的方式一一呈現，讓小朋友猜一猜：投影片上的四格漫畫，畫的是哪一個成語呢？學生只要從黑板中就可以找到答案，這樣的遊戲，像是考試時的選詞填寫。

還有一次，我將八格本轉化成預習本，八個格子共要回答八個問題。過往準備預習本時還要額外影印，現在運用八格本，就能有效率的進行預習。

1.預測課文標題	2.朗讀課文，並寫出一句美句。	3.寫出自己不懂的詞語	4.三組熟字推生詞
5.寫出三個四字詞語	6.自我提問三個問題	7.本課與單元名稱之關係	8.課文與習作閱讀的比較（找相同、找不同）

三、八格本多元應用

八格本若不切割，也有不同的操作方式，以下介紹幾種方式：

1.**圈詞賓果**：將過去寫在格子本的圈詞，寫在八格本中，每個格子寫圈詞兩次，老師批閱後，全班可以進行圈詞賓果（4×4），增加詞語學習的樂趣。

2.**生字花**：此作業是高年級的自學作業。老師指定一個生字的部首或部件，小朋友要寫出一朵生字花。（部首、部件→字→兩個詞語→詞語短文）

3.**賓果詞語短文**：當全班進行完詞語賓果遊戲後，學生自選連成一條線的四個詞語，創作一篇短文。

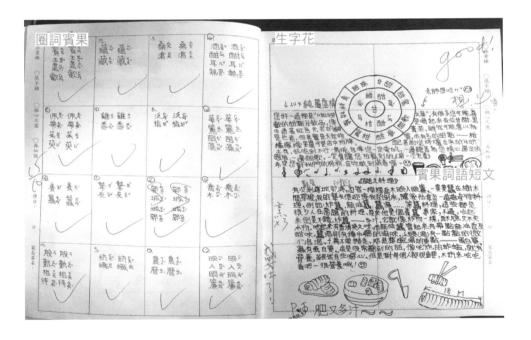

4.**圈詞短文**：任選課本的四個圈詞，創作一篇短文，老師要提醒學生將圈詞用螢光筆圈出來，方便辨識。

5.**成語接龍**：老師指定一個課內的生字四字詞語，進行四字詞語接龍，一共會有八個詞語。

6.**課文摘要金字塔**：找出課文中的重點，從最上層的一字摘要，

至最下層的十字摘要。

上述六個方式端看班級的需要來自由運用。

7.**人物寫真**：學生閱讀人物相關影片後，先寫下人物姓名加稱號，接下來寫人物所發生的重要事件，然後寫下事件的結果，最後寫下自己的啟發與評價。

學生練習將影片的內容轉化成為文字，進行摘要，將上至下四個格子的內容串起來，就成為高年級寫議論文論據的資料，可以用這個作業來累積寫作素材，建議中年級時就可操作。

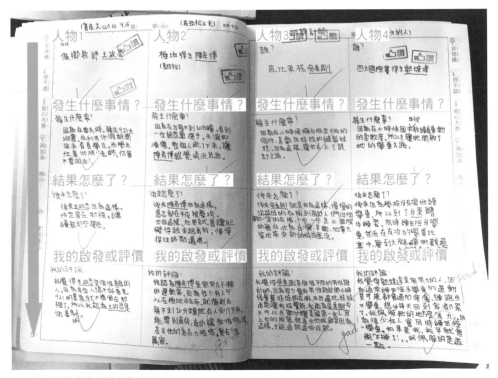

用八格本累積人物相關寫作素材

正想對你說

　　簿本的活化跳脫了既定框架，讓作業簿有了更多的想像空間。捨棄既有的思維也許就是活絡創意的源頭。寒暑假備課時，不妨把簿本列入備課考量，一起發展有趣、有效的作業吧！

第**6**計　＼ 設下學習圈套 ／

考試複習遊戲化

　　每當逼近評量週，也是許多孩子愁眉苦臉的日子，在學校要寫上一張又一張的黃卷，到了補習班又是一張又一張的複習卷。紙筆測驗是評量的一種方式，但不是唯一方式，老師可以思考如何在天秤的兩端，尋找基本學力與學習樂趣的唯美平衡。

　　多元評量的導入可以看見學生不同面向的展能。除了紙筆測驗，我們可以進行聆聽與口語表達評量，也可以採檔案評量，將評量的時間拉長，看見孩子長時間、主題性的成長，更可以採取動態評量，導入更多的教學策略。多元評量讓我們看見學生更多的可能性，試著用不同方式來評測，會更加全面。

　　定期評量以紙筆測驗為大宗，而平時測驗則可以採活潑、遊戲化的方式進行，設下一個又一個學習的「圈套」，學生被吸引進入評量的情境而不自覺，在遊戲的過程中，不但保有笑聲，也達到了複習考試重點的目標。

正會這麼做

一、九宮格翻翻樂

　　九宮格是我經常使用的學習策略，我認為它是一個很好的工具，舉凡寫作或連結班級經營，都能派上用場。九宮格的考試複習，可以結合重要的學習點，讓學生從自己的角度挖掘容易出錯的地方，有意識的提醒自己。

　　過去，我影印單張的九宮格考試複習，讓學生每一課寫一張；後期，改良為翻翻樂的方式，學生必須邀請同學回答自己設計的九宮格問題，自己也挑戰同學設計的九宮格，這樣的做法不但能促發學生進行互動，也會產生遊戲般的雀躍感。

之所以叫做「九宮格翻翻樂」，是因為答案都在題目的後方，這樣的想法來自於我在準備教師甄試時，會把考題影印下來，將不甚了解的題目剪下浮貼在筆記本上，題目後面寫上正確答案，反覆對照題目與答案。

九宮格翻翻樂的正面是題目，翻開來就是答案。

九宮格上的題型由學生自行決定，從學生所複習的題目中，也可了解他們準備考試時的方向。

二、考試Gallery Walk

出版社附贈的黃卷，我不見得每次都會發下去給學生練習，而是讓想練習的學生帶回家，隔天來學校時，再自行拿解答批改，當學生自動想拿考卷來複習時，自動複習才具有意義。

黃卷如何進行趣味複習呢？我把黃卷剪成一小張題目紙，標上每個學生的座號後，張貼在教室四周，學生拿著手上的十六格答案紙，

走動式的複習活絡學習氣氛

找十六題題目練習，將答案填到任選的框框中，接著由該座號的同學寫出該張題目紙的答案（5號同學公布第五題的答案），當全部答案都公布後，全班學生開始走動核對答案。這

樣的複習方式，結合了原本的黃卷利用，也趕走了複習的枯燥，整間教室動了起來。

三、圈詞聯想考

以往複習課本圈詞時，採聽寫的方式居多，由老師讀出詞語，學生寫下所聽到的詞語，最後請同學交換改試卷。「圈詞聯想考」一反學生被動的角色，改採主動積極的角色，學生在固定的時間內寫出考試範圍的圈詞，除了比誰記得多，也要比誰寫得正確。

以我自己的經驗而言，聯想不到的圈詞，可能就是考試時容易遺忘的詞，學生便要在考試前加強複習這些圈詞。這個作法來自於我的高中英語老師——鍾兆寅，老師總是在考試前發下一張空白試卷，請我們開始把月考範圍的單字默寫出來，漸漸的，這也成了往後自己在複習功課的作法，我把這樣的方式教給學生。

課本的生字表就能玩賓果遊戲

四、生字表賓果

國語課本後面的生字表，可以分成上中下三大部分，剛好都是5×5的表格，學生無須額外使用賓果紙，就可以直接在課本中玩賓果，因為切成

三等份，所以可以進行三次遊戲。遊戲的玩法很簡單，先請學生在生字表的空白處造詞，然後雙方猜拳，猜贏的人就可以在自己的課本圈字，並將造詞讀出來，最快連成三條線的人便為贏家。若想要進行進階版，除了造詞外，也可以以這個詞語造一個句子，增加遊戲的難度。（生字表更多的創意玩法可以參考第35計）

五、複習考試卷的方法

花點時間教給學生複習方法，複習就是孩子自己的要務了。以常見的是非題而言，我會指導學生進行五個步驟：

1.判斷：知道答案錯，還要知道錯在哪裡？

2.偵錯：圈出敘述錯誤之處

3.勘誤：寫出正確答案

4.標頁數：寫上出現這個知識點的課本頁數（方便反覆閱讀、釐清難點、加深印象）

5.文轉圖：利用圖像加深印象

學會複習好方法，每個領域都能運用。

正 想對 你 說

　　遊戲化的考試複習，提升了學習樂趣，讓學生擺脫考卷輪迴的惡夢，在緊張繁忙的考試週撒下遊戲的種子，不但會拉近師生距離，也能引導學生自學。

　　創意教學的展現，並非無中生有，只要在慣性思維中轉換一點點方向，就能打破既定框架，從老師出題目到學生出題目，或是從坐著寫一張試卷到走動寫二十五份小試卷，抑或是從老師點名到學生自行以九宮格來複習，都是透過一點點的小改變來轉換教室風景。

　　親愛的老師，如果不想要學生被考試卷「考」焦，那就要把學習的自主權漸進釋放給學生，學生往往不是害怕考試，而是厭惡無聊的考試，那就一起把考試複習遊戲化，一起將考試變好玩吧！

第7計

＼魔鬼班也能變成天使班／

班級經營與語文教學優美共舞

　　常聽到科任老師說：「只要上完一堂課，就可以感受到班級的特色，而且孩子和班導師的風格很像。」我會心一笑，想著：我的班級應該非常「活潑」吧！因為在我的班上，學生可以發表自己的想法，或是反駁他人意見，我樂見他們在課堂中願意發言。

　　曾經在某一次研習中，聽到講師說：「有時候小朋友會覺得老師很奇怪，為什麼要我們小組討論，又要說：『閉上嘴巴，趕快討論！』閉上嘴巴是要怎樣討論啦！」在我的教室裡，我喜歡讓他們在課程中，有不一樣的學習體驗，四十分鐘裡，我會將「講述、小組討論、閱讀、個別練習」的任務穿插其中，藉此達成學習目標，讓學生在課堂中忙著完成任務，是專注參與課程的要素。

　　我認為班級經營是創意教學的基礎，而創意教學的活絡性也成了班級經營的潤滑劑。在教學時結合不同的班級經營活動，可以創造教學與班經雙贏的局面。

正會這麼做

一、打掃寶典

　　每學期我會進行兩次打掃工作更替，除了學期初讓同學選擇工作外，學期中會再更換一次。更動掃地工作前，我會請每個同學先製作「掃地工作交接清冊」，將這份工作所需要的打掃工具和注意事項，以及老師叮嚀過的整潔細項都記錄清楚。

打掃工作細節以圖文並茂方式呈現

　　完成「掃地工作交接清冊」後，把它交給下一個擔任這份打掃工作的同學，而新任同學必須要詳讀手冊，它是打掃指南也是葵花寶典。

　　老師若帶新的班級時，就可以直接把這份寶典發給新班學生閱讀，知道自己如何做好這份工作。

二、語文情境打造

　　教室情境布置是班級經營的一環，若能融入國語文學習的重點，可讓學生浸潤於情境中，活絡學習並提升班級經營的能量。

　　1.電話禮儀：有幾次看到班上同學在接電話時，讓我直搖頭，學生竟然接起電話後，就靜默不語。於是我在電話旁張貼一張「電話

禮儀」，分成「老師在教室」或「老師不在教室」兩個情境來回應，加強聆聽與口語表達能力。

2.**閱讀塗鴉**：我很嚮往歐美影集中在牆上塗鴉的樂趣，於是將小白板張貼於牆壁，讓學生在圖書角閱讀時，可以以圖像的方式和他人交流閱讀心得，滿足學生喜歡塗塗畫畫的想像。

3.**聆聽藝術家**：在一次教師研習中，聽到新北市洪琬喻老師分享聆聽教學，她揭示幾個聆聽學習的要點，我將其微調為六個要點後張貼於教室。

第一點：眼睛睜大看

第二點：耳朵打開聽

第三點：心兒專注想

第四點：小手動筆記

第五點：嘴巴先閉上

第六點：身體向前傾

當發現學生秩序不佳時，老師就喊出一至六的數字，學生得依序複誦出六個要點，把專注力拉回，並同時加深聆聽學習的要點。

4.**詩句布置**：教室的各式用品或工具都有屬於自己的家，我以詩

句的方式來布置，如板擦袋旁貼上「板擦是粉筆灰的家」，放置小白板的櫃子，則張貼「小白板是創意的家」等詩句，以此方式在教室布置中增加點詩興。

三、朝會報告

根據國語文領綱，高年級學生要能夠聆聽他人的發言，並簡要記錄（1-II-1）。在學生朝會上有許多重要事項宣達，導護老師也常三令五申，提醒孩子注意校園安全，可是底下同學往往意興闌珊，覺得事不關己，要怎麼解決這個問題呢？我請同學要速記朝會報告的內容，當天的聯絡簿要記錄簡要內容，可運用列點或九宮格的方式呈現。當家長在聯絡簿簽名時，也能知道老師耳提面命的重點或近期學校的活動，也可以以「提問」的方式來統整學生朝會時的重點喔！（可參考第1計聯絡簿大變身）

四、我的年度代表字

臺灣在每一年的年末會選出一個字來代表當年所呈現的社會樣貌，我在教室裡則是讓學生選出專屬自己的年度代表字，用簡單一個字來代表一整年的省思、感受。

為了連結課內的生字，我請學生要從課本中找一個生字作為自己當年的代表字，並說明選擇該字的理由。在這活動中，學生在生字表

中反覆搜尋靈感並造詞,這不就讓學生化被動為主動去思考了嗎?

　　在年末充滿感恩的時刻,我在教室舉辦火鍋圍爐活動,一起說一說自己的年度代表字,說著自己的成長與挫敗,讓反省開出一朵朵花,等待明年再出發。

老師在黑板上示範自己的年度代表字並寫出理由

全班同學的年度代表字

正 想 對 你 說

　　班級經營若能與國語課優美共舞，那將會是一場課堂盛宴，從聽說讀寫架接班級經營的各個面向，生活所及之處都是語用能力的展現。在班級經營的活動設計中，老師可以同步打開國語課本，思索可結合之處。

版本	課名	結合班級經營
南一三上第一課	你好，新朋友	自我介紹
南一三上第二課	我們的約定	班規制定
南一三上第三課	下課十分鐘	下課活動觀察
南一三上第五課	火大了	情緒詞彙日記
翰林三上第三課	提早五分鐘	上科任課的葵花寶典
康軒三上第一課	心的悄悄話	姓名字謎詩（自我介紹可用）
康軒三上第二課	妙故事點點名	笑話值日生
康軒三上第四課	有你陪伴	班級學伴

單元二

讀寫的質

月日 值日生…

穩穩扎根

教材不是聖經，老師的思考力才能讓教學發揮最大價值。
備課思維、教學節奏、讀寫祕技全享包一次擁有。

\第8計/ ＼七個面向備一堂精彩好課／

高度決定視野

　　每個寒暑假，老師們都得進行備課。國語文的備課要從哪些面向思考，才能讓教學更全面，更流暢呢？新學期發下教材時，我們會拿到教師專用課本（內含習作解答）、教師備課用書（所有的補充資料）。我自己的習慣是會先打開學生的課本，或是影印純課文的word檔，反覆閱讀課文，思索從這篇課文可以教給學生什麼語用能力。

　　為什麼不直接打開教師備課用書呢？因為備課用書將老師該備課的內容都做完了，若只參酌備課用書，則少了老師自己的思考，也少了一點老師賦予教材的溫暖，當我們不把教材當作聖經，才能適切的運用教材，讓它發揮應有的價值。

 正會這麼做

　　要上一堂好課的前提即是備一堂好課，我們可以從七個面向切入，在進行國語文備課時會更有方向也更加全面。

備課上菜

備課綱
課綱是教學的依據，要看看每個年段的學習表現和學習內容，教學的美味才不會跑掉。

備課本
自己備課時，課文至少讀個三次，找出教學點，確定教學美味的主要食材。

備單元頁
我們是賣義式料理的，所以我們菜單上的每道菜都和義大利有關係喔！看看單元頁，美味不走味。

備統整活動
不知道要吃什麼沒關係！看看統整單元裡面，會有閱讀及寫作的美味祕密！

備習作
本店的招牌人氣王就在這了！這道菜是大家最需要的，給你滿滿的營養喔！

備學生
您的獨特需求口味，我們都會盡量幫您滿足，就是為了讓您吃得開心！乳酪想要多一點都可以說喔！

備課外閱讀
這個部分會介紹餐點的搭配，點了什麼主餐要搭配什麼附餐或甜點，讓你一次吃個痛快又滿足。

一、備課綱

課綱是進行教學的重要依據，其中的學習重點（學生表現）和學習內容（教材面），清楚的揭示學生在不同階段的任務。以下兩個表格將閱讀及寫作的學習表現進行分類，老師可以清楚知道在不同的年段各要教會孩子什麼。

閱讀學習表現簡表:

閱讀學習表現	低年級	中年級	高年級
朗讀	適切速率、正確	適切速率、抑揚頓挫	流暢、抑揚頓挫變化
標點符號	認識常用	理解各種用法	理解各種用法與效果
文本特徵	記敘、抒情、應用	記敘、抒情、應用、說明	記敘、抒情、應用、說明、議論
提取訊息	讀懂重要訊息	掌握主要概念	區分主客觀
閱讀策略	內容重述、預測、推論因果關係	摘要、大意、找支持的理由、提問	連結經驗、推論因果關係、使用不同策略
閱讀興趣與習慣	喜愛、分享	大量閱讀、體會樂趣	主動尋找閱讀材料
圖書館利用教育	認識圖書館	主動參與閱讀社群活動	科技與網路

寫作學習表現簡表:

	低年級	中年級	高年級
標點符號	常用	各種	適切
寫作技巧	接寫、仿寫	縮寫、擴寫、改寫	接寫、仿寫、縮寫、擴寫、改寫
修改文章	修改句子	偵錯、修改	修改、潤飾
基本能力	觀察並積累素材	感受力、想像力	思考力、聯想力
寫作	寫完整的句子和段落	記敘文、應用文、說明事物文、仿寫童詩	議論文、說明事理文、創作故事、童詩
寫作步驟		學習審題、立意、選材、組織	掌握寫作步驟
寫作態度	培養興趣	養成習慣	適切態度

從上面兩個表現簡表,我們可以發現:

1. 教材具有序列性,單一能力會加深。

2. 閱讀與寫作為一體兩面,如,低年級需要認識標點符號,寫作則練習這些常用的標點符號。

二、備課本

翻閱課本時,可以反覆閱讀課文,從不同角度切入思考。

1. **初讀讀懂詞語**:老師要想像自己是學生,當學生在閱讀課文時可能哪些詞語會讀不懂,而老師可以用哪些方法引導學生讀懂詞語。(可參考第9計:掌握教學節奏,進一步了解掃除難詞的方法)

2. **再讀讀懂內容**:這篇課文的內容主要是在寫什麼(大意),以及所要傳達的文旨。

3. **三讀讀懂寫法**:思考這篇課文是怎麼寫出來的,課文有什麼特殊或優美的寫法值得讓學生認識。

三、備單元頁

單元頁是單元課次的前情提要,站在較高的高度來看單元內的所有課文,單元主題則是該單元的上位概念。老師在備課時,要能看出單元內課文的差異,才能更細緻的看見教材巧妙的編排。

　　以康軒舊綱五下第一單元「機智的故事」為例，該單元收錄三篇與機智相關的課文，但三課之間又會有些微的差異，第一課的機智展現於「幽默風度」，以幽默感化解危機；第二課的機智展現於「文字藝術」，紀曉嵐具有文采的數字詩博得滿堂彩；第三課的機智展現於「說話藝術」，晏子以委婉的勸諫方式來達到自己的目的。

　　當我們可以理解課文間的層次，讀懂之間的差異，便可以帶領孩子思考更遠。

單元主題相同但課文之間的層次不同

寫 出理解　　議論文：談機智（故事改寫成論據）
　　　　　　　●人＋事（問題＋解決）＋結果＋啟發

課次	課名	內容摘要
一	幽默風度 名人記趣	介紹三位名人適時化解尷尬氣氛，展現幽默的風度與機智的態度。
二	文字藝術 秋江獨釣	敘述文學家紀曉嵐與乾隆皇帝的機智對話，展現語言文字的妙趣，也表現出紀曉嵐飽讀詩書的文采。
三	說話藝術 智救養馬人	敘寫晏子機智的應對及委婉的說話技巧，不僅救了養馬人，也化解景公犯錯的危機。

 出層次　　人物故事
1.邱吉爾　　4.紀曉嵐　　7.卓別林
2.馬克吐溫　5.晏子　　　8.達賴喇嘛
3.艾森豪　　6.蕭伯納

課本中出現了1~5的人物故事例子，故事主角都用不同方式展現機智，老師可以再補充6~8的例子。

習作、內文的統整單元相關的文章，可以組合在一起閱讀，帶著學生讀出層次。讀了這麼多機智的文章，我們讓學生練習寫一篇機智相關的議論文，從寫作來檢核閱讀。這就是讀出層次，寫出理解的從讀到寫歷程。

四、備統整活動

統整活動是教材的重心，三大出版社將符合學生年段的語用能力集中呈現。老師要能把統整活動的重點拉進課文教，將課文當作例子，教統整活動中所提到的語用能力。

以康軒三上為例，第三單元的寫作重要訓練點為「寫景」，該單元的單元名稱為「臺灣風情」，可知這單元的三篇課文都與臺灣景點有關，而教孩子寫景的方法，就可以在這三課慢慢導入。

從三大版本三上的統整單元整理中，可以看見版本的獨特處，也可以看見版本間的共同點，三大版本共同提及的部分是敘述四要素和敘事順序，老師可將其遷移至寫作，讓學生寫敘事類的記敘文，從教材進行有效的連結。

	康軒	翰林	南一
第一單元	1.認識敘述四要素（閱讀） 2.讀懂詞語的意思（閱讀）	1.讀懂句子的意思（閱讀） 2.敘述事件有重點（寫作） 3.邊聽邊想抓重點（聆聽）	1.如何上台說話（口語） 2.標點符號──破折號（閱讀） 3.敘述四要素、敘事順序（閱讀）
第二單元	1.認識自然段、意義段（閱讀） 2.敘事的順序與描寫重點（寫作）	1.讀出句子的語氣（閱讀） 2.說明事物要清楚（閱讀） 3.一起來找意義段（閱讀）	1.說出不同的語氣（口語） 2.用對話演故事（口語） 3.認識自然段和意義段（閱讀） 4.如何描寫情緒（寫作）
第三單元	1.讀懂句子的意思（閱讀） 2.寫景（寫作）	1.擴寫句子有方法（寫作） 2.描寫景物有順序（寫作） 3.讀劇本學表演（閱讀）	1.標點符號──雙引號、間隔號（閱讀） 2.認識聯想（寫作） 3.縮寫──刪除法（寫作） 4.人物描寫（寫作）
第四單元	1.認識文章結構（寫作） 2.摘要策略（閱讀）	1.修改句子的標點（寫作） 2.看照片說故事（口語） 3.大家一起寫春聯（識字與寫字）	1.標點符號──夾注號（閱讀） 2.用事物的視角看世界（寫作） 3.找出主題句（閱讀） 4.用表格整理內容（閱讀）

五、備習作

習作是課本的好朋友，因為習作內容是課本內容的延伸與應用，是檢核學習的練功坊。當閱讀完課文卻找不到教學點時，我會從習作尋找重點，思考課堂教學要教什麼，孩子才能夠搭配課本學習，完成習作的內容，從「以終（習作）為始（課本）」的概念著手。

六、備學生

備課時得思考學生的起點，內容若是學生已經會的，可以選擇不教。到了中高年級，老師真的有必要把每個生字都教過嗎？如果讓學生思考哪些生字是他們已經會的，老師可以不用教，這樣才會有效率。

不同地區的學生和不同屬性的班級有不同的特性，老師應該針對學生的特點來設計課程。以我任教過的「藝才班」而言，孩子都是經過術科考試而進入藝才班，他們是天生的畫家，擅長圖像閱讀，老師可以運用圖像引導學生認識課文，掌握課文的架構或內容。

七、備課外閱讀

老師在備課時也能思索如何從課文進行延伸篇目的補充，可以是單篇的文章，也可以是課外讀物的介紹，讓學生除了閱讀課文，還能了解相關的內容。

若仔細觀察習作，很多課次都會搭配一篇閱讀測驗，它即是與課文相關的課外閱讀。例如：康軒三上〈淡水小鎮〉的習作閱讀測驗為〈九份山城〉，都是介紹臺灣小城鎮的篇目，我們可以從中思考還能進行哪些篇目補充，從課內閱讀到課外延伸，形成具有主題性的閱讀網。（參考第25計：群文閱讀的有機組合）

正想對你說

　　備課要思索的面向很廣，若依循以上方法後還是找不到更好的教學點時，我會打開備課用書，依照備課用書的指點來進行課堂教學，或是上網尋找他人的課例來啟發靈感，站在巨人的肩膀上，讓自己的教學可以看得更遠，我們的備課視野決定了教學的寬度與高度。

　　在強調共同備課的現在，不同背景的老師聚在一起共備，常常激盪出不同火花。有時帶領外校老師進行國語文的共備，尤其是偏鄉小校的策略聯盟，老師們良好的溝通對話與想法交流都讓彼此（包括我自己）看見解讀課文的不同切入點。

第9計　＼一週國語課模組設計／

掌握教學節奏

　　在新課綱的課程架構下，小學階段一週有五至六節國語課，中低年級的節數比過去九年一貫時期多了一節課，老師有更充裕的時間來打好學生的語文基礎。

　　教學可以很科學，掌握基本「字、詞、句、段、篇」的「聽說讀寫」能力鍛鍊；教學可以很藝術，因為沒有任何一個標準ＳＯＰ流程，可以對應至任何一課或任何一個年段的國語文教學。教師都應該透過備課時反覆閱讀課文，針對課文的特點，因應年段並對應領綱來找出值得的教學點。據此，國語文教學有大方向，但沒有固定的路徑，畢竟「教無定法」，最適合學生的教學方式就是最好的方法。

　　在一個星期的國語文教學裡，我們可以教什麼？我們可以怎麼教？我們如何掌握教學的節奏，有效的鍛鍊語用能力，永遠是國語課的核心。

正會這麼做

第一節	第二節	第三節	第四節	第五節
・導入美讀 ・掃除難詞	・內容深究	・內容深究 ・形式深究	・形式深究	・作文教學 ・延伸閱讀

　　每一課的教學流程大致能如圖表所示進行，再因應課文的特點進行微調，如，我在進行康軒六上〈山村車軌寮〉一課，為了讓學生了解作者如何以巧妙的動詞運用來營造律動感及畫面，於是跳過預習的步驟，直接將課文中的十個動詞挖空，讓學生試著自己填空，在進行小組討論及鑑賞後，才進入課本思考作者是怎麼運用這些動詞。這些巧妙的動詞也是被我歸納在特殊寫法研究，可謂是「用動詞寫活美景」的課例，如果一開始就讓學生預習課文，就很難讓學生專注這些動詞。所以教學的流程，可以根據課文特點進行調整。

一、導入美讀

　　在新課綱中，朗讀的學習表現在閱讀類別中出現，可見朗讀是為了協助理解文章。中年級教學時，我會從找重點、想情緒及做記號三個面向指導；高年級著重於聲音大小、輕重、高低和快慢的變化，引導孩子從人物的性別、個性或年齡來揣摩不同語氣，或是用喜怒哀樂不同的情緒來朗讀同一個句子，玩出聲音變化。

二、掃除難詞

　　學生在預習時要讀三次課文，兩次朗讀出聲音，一次進行默讀。在默讀時，要把自己不懂的詞語圈出來，以老師在課堂上所指導的方法，試著自己讀懂詞語，若還是無法解決，可於課堂上處理。

　　難字詞的教學，依舊要掌握教識字詞的方法，避免直接請學生抄下解釋，而應讓學生在每一課中不斷琢磨如何讀懂詞語的技巧。可以運用的方式很多，如，看部首部件、看前面看後面、造詞、熟字推生詞、看圖、查字典……。例如：翰林舊綱四上〈水中奇景〉這段課文中，「埋怨」一詞可以怎麼理解呢？

回到岸上，忍不住「埋怨」時間過得太快，讓我來不及抓住水中的每一幕奇景，只好期待下次的造訪。（翰林四上〈水中奇景〉）	要如何讀懂「埋怨」一詞的意思？	
	方法	如何引導
	1.看部首	怨字的部首為心部，可見與心理反應有關
	2.看前面看後面	因為來不及抓住奇景，可以推論作者沒有玩得盡興
	3.造詞	怨字可以造的詞為抱怨
	請小朋友把抱怨帶到句子再讀一次，就能夠理解了。	

三、內容深究

　　主要是透過提問來促進學生思考課文內容寫了什麼？提問由淺入深有不同的層次，從可以直接在課文裡找到答案的題目，到需要跨段落閱讀的題目，以及推論整合訊息的題目。

　　年紀愈大的孩子，愈需要鍛鍊整合訊息的能力，深入了解作者要傳達的想法，再從中連結自己的經驗來說出觀點。

　　老師得把握一個原則：一個好的題目，必須要讓讀者回到文章裡反覆閱讀。

　　在內容深究時，老師同時也在示範「如何提問」，會提出好問題的學生，思考層次也高於其他學生。因此在預習本中，我讓學生練習提出問題，一開始收到作業時相當頭痛，因為大部分學生的問題沒有層次，也無意義可言，比如：「請問這個作家是男生還是女生？」之類的題目。（可參考第5計八格本裁切應用）

　　我透過「比較策略」，將學生的提問放在一起比較，讓學生想一想：誰提出來的題目比較好？此時，學生會說出自己的想法，老師再做適度引導，好的題目就會躍入眼中。

　　老師在備課時，可以反覆閱讀課文，找出值得問的題目，以下以翰林四上〈水中奇景〉一文為例，以提問扣緊閱讀。

如何提問？	例子
1.問在關鍵處	課文標題是水中奇景，重點在於「奇」，請你從課文內容中找出本課的「奇」在哪裡呢？
2.問在疑問處	為什麼作者看到海浪一波波湧來，會覺得在說再見呢？而不是透過其他海中生物來說再見呢？
3.問在留白處	本課最後的「再見！再見！」有什麼含義？（弦外之音）
4.問在鷹架處	這是一篇到海邊浮潛的遊記，請找出作者記錄過程的方式。（寫法）
5.問在語用處	請你找出第二段和第三段對於奇景的寫法有什麼不一樣？有什麼一樣？（比較）

四、形式深究

形式深究是我最在意的環節，因為這是學生從課文學寫作的時機，可以學會文體的特色，也可以學會如何有層次的布局，更可以學會獨特的寫作法。

1. **文體特色**：國小階段會遇到三大文體，分別是記敘文、說明文和議論文。老師可以先讓學生練習判斷課文的文體，從文體的特色切入課文。記敘文著重於情感的抒發，說明文著重於知識的傳遞，議論文著重於主張的說服。

2. **層次布局**：引導學生思考課文是如何寫出來的，可以專注於開頭與結尾的寫法指導。

3.**寫作手法**：作者的獨特寫作手法，如，善用感官摹寫、以對比呈現畫面，或是取材獨特之處。

五、作文教學

在形式深究中，學生從課文學到了哪些架構、布局或寫法，老師可以設立新的情境，讓學生將課內學到的技巧運用在新的寫作情境中，例如：課內讀了新聞報導，讓學生練習寫一篇「校園音樂會」新聞報導，從中遷移寫法。

六、延伸閱讀

從課文中延伸相關的篇目或讀本來擴大閱讀，促進學生的思考。

（詳見第四單元「讀寫的量」低、中、高年級群文閱讀課例）

正想對你說

建議老師掌握教學的大方向以及流程後，建立自己的教學模組，熟悉了模組，再根據課文閱讀所發現的獨特語文點「大做文章」，延伸至閱讀及寫作。一課的國語文教學，要能夠扣緊課文練習「聽說讀寫」的語用能力，讓課本成為學習的重要媒材。

另外，一週的國語課要搭配一週的國語作業練習，老師可以參考第一單元的介紹，活化作業方式，切記：別讓孩子停留在練習抄寫的作業階段，那他就永遠只會抄寫。

第10計 ＼＼閱讀理解輕鬆教／／

點燃學習熱情

　　閱讀到底要教什麼？每個老師心中有五花八門的答案，有的老師認為閱讀策略重要，有的老師認為引發興趣重要，有的老師則認為透過閱讀，可以豐富學生的生活或是解決日常遇到的難題。這個問題沒有標準答案，端視老師個人的看法，但是當我們翻閱國語文領綱時，它具體的規範了閱讀所要教的向度。

　　這個單元的第一篇，我們介紹了閱讀學習表現簡表（第8計：高度決定視野），其中清楚的規範低、中、高三個學習階段的任務，我將它分成朗讀、標點符號、文本特別、文本訊息、閱讀策略、圖書館利用和閱讀態度等七類，老師可以根據自己的年段來設計閱讀課程。

　　閱讀若依時程來區分，可以切分成閱讀前、中、後三個區段。我希望透過引導，讓學生自己解決在閱讀中遇到的大小難題，最終能指引他們邁向終身學習。

自己解決不同閱讀階段的問題		
閱讀前	閱讀中	閱讀後
● 想想書名、封面、封底、摺頁 ● 快速瀏覽，邊讀邊思考插圖、照片和圖表 ● 讀標題和照片文字說明	● 預測內容 ● 困難處再讀一遍 ● 用圖片和圖表幫助了解 ● 自問自答，並往下讀來找答案 ● 讀不懂的地方做記號，請教師長	● 想一想5W1H ● 寫下感受，與人討論 ● 重讀自己喜歡的部分 ● 邊讀邊找一些細節 ● 再讀一次，並尋找新的發現

 正會這麼做

　　在這三個階段中，老師可以根據學生的年段調整，把相對應學習階段的策略或技巧導入，讓學生在閱讀的不同階段，都能掌握方向，解決自己所遇到的難題。以下就每一個細項簡單介紹：

一、閱讀前

　　這個階段適合導入「預測」策略，從書名、封面、封底、來預測書籍內容，提高學生的閱讀動機。預測可以從文字或是圖像線索來進行，在這個階段要鼓勵孩子大膽猜測。

　　有一次，我介紹《媽媽使用說明書》，導讀時從封面引導他們預測內容，我問：「猜一猜，這本書的內容與什麼有關呢？」班上一位孩子舉手說：「教我們怎麼使用媽媽的啦！」我笑著問他：「為什麼會猜這個答案呢？」孩子說：「因為說明書是教我們怎麼使用一個物

品，那麼媽媽使用說明書就是教我們怎麼使用媽媽。」這個孩子連結了自己的經驗，說出了一個新鮮有趣又有意思的答案。

透過提問，我們可以在孩子的回答中，窺探他們的想法與世界。接著，我又問了第二個問題：「你們覺得主角喜歡媽媽嗎？」我請學生舉手表決，喜歡和不喜歡約各占一半，我繼續追問他們「為什麼？」得到了很有趣的回應。

有一個男生說：「我覺得主角應該很討厭他媽媽，因為他把媽媽畫得像哆拉Ａ夢這麼胖，頭髮還像鳥巢。」而其他人回應：「我覺得主角應該很喜歡他媽媽，因為他把媽媽畫得像哆拉Ａ夢，哆拉Ａ夢有很多法寶，就像媽媽會很多事情一樣。」

這就是閱讀的樂趣所在，每個人在閱讀了共同的文本後，有不一樣的想法與感受，經由彼此交流，啟發了更多元的觀點。

另外，如何挑一本自己想讀的書，除了看封面外，可以指導孩子翻閱目次。目次頁上面會有每個小節的標題，孩子可以從中尋找自己有興趣的小節來閱讀，誰說閱讀一定要從頭讀到尾呢？

二、閱讀中

此階段主要導入「閱讀理解監控」策略，監控自己的閱讀狀況。當孩子讀不懂文章時，先讓孩子靜下心來重讀一次或讀出聲音，反覆閱讀的習慣會讓文句的意義自現。

學生在閱讀時遇到問題，可善用閱讀理解監控策略：

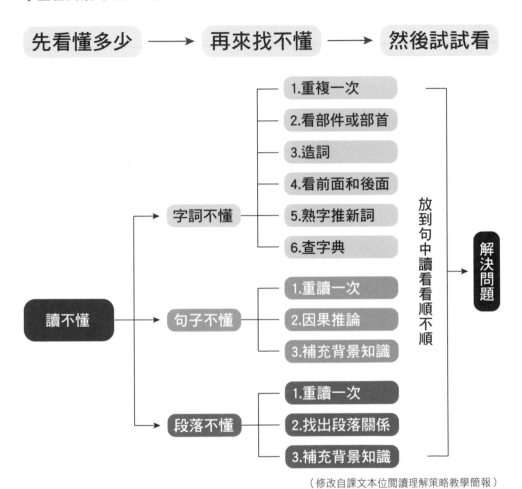

先看懂多少 ⟶ 再來找不懂 ⟶ 然後試試看

（修改自課文本位閱讀理解策略教學簡報）

　　我喜歡孩子在閱讀文章時邊讀邊想，想著接下來可能會發生什麼情節（預測策略）。預測策略運用在閱讀前可預測文章內容，閱讀中則可預測後續情節。

　　引導孩子自問自答時，除了「六何法」的引導外，也可運用西奈克（Simon sinek）提出的「黃金圈」理論。

　　黃金圈提問法聚焦先問「為什麼」的問題，再問「怎麼做」的問題，最後問「是什麼」的問題，如，為什麼作者要寫這一篇文章（作者目的）？作者如何以文字來表達（寫法）？作者寫了什麼事情（內容）？黃金圈理論運用於提問較有難度，老師應該在課堂上以課文當作示範後，才讓孩子練習做做看。

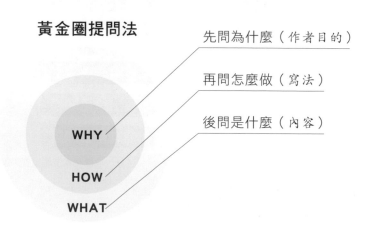

黃金圈提問法

先問為什麼（作者目的）

再問怎麼做（寫法）

後問是什麼（內容）

WHY

HOW

WHAT

　　在閱讀的過程中，可以建立班級的「閱讀記號」小默契，老師可以和學生討論共同的閱讀符號，方便後續的小組討論，這個方法也適用於課本的閱讀。

建立班級專用的閱讀符號

~~ 浪線	? 問號	＿ 底線	★ 星星	○ 圓圈	! 驚嘆號	♥ 愛心
我覺得這個地方很精彩	我覺得這個地方有些疑問	這是作者的想法、看法或觀點	這個寫法獨特，值得我學習。	這個詞語的意思，我不大了解。	這個地方打開我的視野，從未見過這樣的……	我也有這樣的經驗

三、閱讀後

　　在閱讀過後，學生要能知道讀了什麼內容，以及讀完有什麼心得。心得才是關鍵，因為我們要著眼於孩子從閱讀中所受的啟發。

　　很多時候，孩子閱讀過後，沒有任何的想法或感受，我們可以從以下「閱讀心得賓果」開始引導，這個賓果卡是孩子發表時的鷹架，當孩子連成一條線也代表發表了三次心得。

閱讀心得賓果單

1.我覺得這本書讓我感覺（　　　），因為（　　　）。	2.這本書裡面，我最喜歡的主角是（　　　），因為（　　　）。	3.主角所發生的（　　　），我也曾經發生過，那一次……
4.我覺得主角是一個（　　　）的人，因為他（　　　）。	5.我想把這本書推薦給（　　　），因為（　　　）。	6.如果我是作者，我會把這本書的書名改為（　　　），因為（　　　）。
7.書裡的這一句話（　　　）讓我印象深刻，因為（　　　）。	8.讀到這本書，讓我想起了……	9.我覺得這本書如果加了（　　　），應該會更精彩，因為（　　　）。

　　最後，我想告訴孩子：「遇見一本自己喜歡的書，可以一讀再讀，每次閱讀，都會讀到不一樣的細節，每一次都會有不一樣的收穫喔！」

正想對你說

　　不同的階段教給孩子多元的閱讀方式，期許學生都能夠解決自己在閱讀所遇到的難題，而解決這些難題所運用的方法，則要由老師進行指導。這些方法都可以利用課文來教學，達到「課文是用來教方法」的終極目標。

　　另外，小學老師常常出讀書心得報告當作作業，若以「悅讀」為目的，就不需要用心得報告來破壞閱讀的胃口，但若是為了連結寫作，心得報告則是一個練習的方向，讓孩子在閱讀完後，可以留下一點紀錄，可謂「最淡的筆墨勝過最強的記憶」，留下來的心得報告，都將成為孩子未來寫作的養分。

\ 從課內出發的四種練習模式 /

從課本學寫作

　　如果一冊冊的課本就是一本本的寫作書，那該有多好？如果教完課文，就把寫作的方法教給學生，那該有多好？

　　課本用來指導學生的語用能力，是編撰委員根據課綱的標準及相關指標編寫的，被賦予神聖且重要的任務。

 正會這麼做

　　課本的目次頁可以清楚的呈現這學期的單元、課次、統整活動。備課時先關注目次頁，可以讓我們站在比較高的高度，關注這學期所要進行的國語課，讓備課可以更全面。

　　準備作文課可掌握一個大原則：以終為始。終代表的是學生所要練習的作文，始代表的是學生所閱讀的課文，也就是說，學生所要練習寫作方法，就從現有的課文來教，教寫作不需外求，課文正是最好的教材。新北市陳麗雲老師提出「以寫作為導向的閱讀教學」，正是

這樣的概念。

　　我整合從課文練習寫作的四個模式，分別是一課寫一篇作文、跨課寫一篇作文、一單元寫一篇作文、全冊寫一篇課文。這個小節以康軒舊綱五上的課文來進行操作示範。

一、一課寫一篇作文

　　從一課課文中重要的寫作點，可以發展出一篇作文。老師要巧妙的轉化新情境，讓學生在新情境中展現技巧。

模式	課文	寫作題目	寫作訓練點
一課寫一篇作文	從空中看臺灣	臺灣的美麗與哀愁	夾敘夾議

　　本課例參考新北市陳麗雲老師演講的內容。備課前，我們要想想每一篇課文的文本價值以及編者意圖。記敘文從低年級就開始教了，到了高年級還是持續出現，但高年級的記敘文，已經不是單純的寫人、記事、寫景或狀物，可能是藉事說理，可能是由景入情等等。

　　這一課的文體為記敘文，但是以夾雜議論的表述方式呈現，是一篇「夾敘夾議」的課文。我想，這篇課文擺在第三課，也是為了要替後面第五課和第七課（皆為議論文）進行鋪墊。備課時，我們要關照課文的「序列性」，相同的文章放入不同的年段就會有不同的教學點，我們要能關照學生在什麼學習階段，需要擁有哪些學習能力。

　　我把這一課的重點擺在自然段三和自然段四，這兩段分別提到了臺灣的美麗與哀愁，而作者也呼籲我們要一起努力讓臺灣多點美麗，少點哀愁。我們就在課堂上，討論文章中寫了哪些美麗與哀愁。從中可以發現：這裡提到的美麗，都是屬於自然環境，而提到哀愁中，也是屬於自然環境的破壞。我讓學生思考現今臺灣的美麗與哀愁，以小組討論的方式進行，從中激盪寫作素材。寫作大綱就是參考教師手冊裡的大綱，不假外求：

第一段：總說

第二段：臺灣的美麗

第三段：臺灣的哀愁

第四段：我的作法

第五段：結語

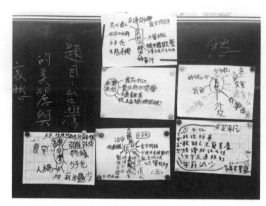

分組討論，將腦力激盪後的重點寫下，成為寫作素材。

二、跨課寫一篇作文

　　備課時，老師可以以「跨課」的思維來進行，哪兩課適合放在一起教，並進行比較。可以比較架構的差異，也可以比較首尾段寫法差異，還可以比較布局的方式。透過跨課的教學，萃取出共同的寫作重點、架構，讓孩子遷移寫法，在新的情境中寫一篇相同寫法的作文。

模式	課文	寫作題目	寫作訓練點
跨課寫一篇作文	分享的力量 從失敗中覺醒	分享力量大	議論文架構、 如何寫論據

這兩課都是議論文，相當適合跨課進行教學，比較兩課的開頭怎麼寫，找出其共同點，我們發現：兩課都有運用引用法及設問法，也就是說，在寫議論文時，可以以引用法或設問法來當作開頭。

我示範了開頭：「『如何讓一個小鎮的玉米田的生產品質都很好呢？』一個小鎮向大家提出了問題。」後續接寫則根據老師提供的資料（玉米田效應）來進行。

這兩課的論據都是從人物故事來發展，故以「誰、遇到什麼事情、後來怎麼了、我的啟發」來練習寫論據，每一個同學都要練習如何將課內的諾貝爾故事縮寫為上述的寫法。這一段寫完後，從課內讀過的人物故事來尋找另一個成為「樂於分享」的論據。

同學說：「我覺得沈芯菱的故事可以當作這篇作文的論據，因為他分享自己的網站給大家使用。」也有人認為西瓜大王適合，討論過後，大部分同學都覺得這兩個例子不夠經典，後來，我們想到最適合的就是陳樹菊奶奶了，因為這是全臺灣人都知曉的例子。

於是，我們看了陳樹菊的介紹影片，並利用「誰、發生什麼事、後來怎麼了、我的啟發」的句式來說說話，簡單討論後寫進作文裡。比較了諾貝爾和陳樹菊兩個論據後發現：

1.分享的美德不分國內外

2.分享的美德不分男女

3.分享的美德不分職業

而且第二個論據（陳樹菊）的說服力又比第一個論據（諾貝爾）強，因為諾貝爾是有錢人，捐出那些錢，可能只是冰山一角，但陳樹菊奶奶捐的錢，可能是她的全部。

最後一段的結論，我們一樣把兩課擺在一起讀，發現兩課都有運用「暗引」，並將論點換句話說再寫一次，也不再提出新的觀點了。

此外，課本學過的句型，也可以來運用，如，第一課我的夢想：

「我不是什麼天才，也不是什麼幸運兒，我只是一個來自流動攤販家庭的孩子……」

「不論是烈日當空的菜市場、臭味混雜的黃昏市場，或是街頭的昏黃路燈下，都有我低頭看書的影子。」

我們班有個小孩就把句型寫進文章裡了，他是這麼寫的：

「分享是一道簡單的公式，只要你解開了，便得到了成功的喜悅。」這句話告訴我們分享很簡單，而且力量非常大，但不是為了名聲，也不是為了偉大或出名，而是讓社會更美好。不論是家財萬貫的諾貝爾，或是貧窮的菜販陳樹菊，都可以成為分享的典範，分享從你我做起。

這一次的寫作練習中，我們從兩課的課文發展出議論文的架構，

並逐段引導練習寫議論文：

> 第一段：提出論點（引用法、設問法）
> 第二段：論據1（課內的諾貝爾）
> 第三段：論據2（陳樹菊）
> 第四段：結論

三、一單元寫一篇作文

目前三大版本裡，無論新舊課綱，都是呈現四個單元，教科書是以單元統整的角度來進行編寫，每個單元主題都有三至四課，課文內容皆與單元主題有點關係，從單元頁的介紹便可略知一二。從單元出發進行寫作，可以把單元主題當作作文的題目，而課文內容則可成為寫作中的例子，在寫作中進行學習檢核。

模式	課文	寫作題目	寫作訓練點
一單元寫一篇作文	1.火星人，你好嗎？ 2.溪谷間的野鳥 3.海豚	觀察與探索	議論文架構

延續著上一篇議論文寫作，沿用相同的議論文架構以及作法，讓學生再次練習。這次的練習以單元主題（觀察與探索）作為作文題目，單元頁的內容為重要的寫作素材。寫論據時要提醒學生緊扣著論點，避免選擇的論據無法支撐論點。

第一段：提出論點（名言佳句）

第二段：論據1（課內的火星探測器）

第三段：論據2（由學生發想）

第四段：結論

在首段和末段都可以使用名言佳句，我一共提供了三句，讓他們自由運用：

1. 亞里斯多德說：「對一切萬物，重要的不是看，而是怎麼看！」

2. 巴夫洛夫：「觀察，觀察，再觀察。」

3. 法國諺語：「細心觀察是為了理解，透澈理解是為了行動。」

寫作文如同做菜，老師幫學生準備了食材，也教了做菜的方法，接著就是大展身手囉！

班上同學差不多兩節課完成這篇作文，引導一段寫一段。這篇作文大家都寫得大同小異，不過我覺得就是在五上把議論文架構練好，五下則會訓練不一樣的架構，讓學習更進階。

四、全冊寫一篇作文

考完期末考，千萬別把國語課本回收掉，全冊的課文，都是寫作的素材，整本課本都是孩子的寫作庫。我通常會設計一個寫作題目，希望學生可以將這冊所閱讀到的課文內容、人物故事，甚至是寫作方法，運用到該次的寫作練習中，類似期末大檢核的概念，讓課本的價

值可以好好發揮。簡單說，在放假前，讓孩子再好好翻閱一次陪伴他一年的課本吧！

模式	課文	寫作題目	寫作訓練點
全冊寫一篇作文	所有課文、習作閱讀	面對生命中的挫折	議論文架構 善用課內事例

整個學期的最後一篇作文，我們繼續練習寫議論文，讓學生一定要熟悉議論文的寫法，並在原本的架構中多點變化。

第一段：提出論點

第二段：舉三個論據（事例）

第三段：舉自己的經驗當作例子

第四段：結論

這篇作文的論據從這一冊學過的課文中尋找，檢視哪一篇的課文可以當作「面對生命的挫折」這篇作文的論據，並寫出簡單理由。因為只能寫課內的事例，所以孩子勢必得再翻閱一次課本。從全冊課文中回想有哪些事例可以當作論據？

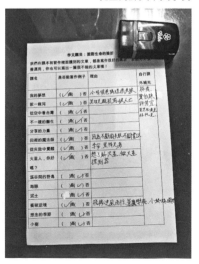

從全冊課文中找事例

正 想 對 你 說

　　若能從教材裡找出孩子得學的寫作方法且有效的運用教材，課堂裡的寫作教學才能省時省力。透過四個模式的靈活應用，讓學生活用手上的課本寫出一篇篇作文，寫作無需外求，從課內出發才有效率。

　　第11計雖以舊綱之課文作為範例，老師備課時可以朝這個方向設計「四種練習模式」的寫作鍛鍊，趕快打開課本試一試吧！

第12計 ＼從模仿到創造的歷程／

仿寫立大功

> 讀風雲，
>
> 寫萬物，
>
> 像極了愛情。

網路社群曾經掀起「像極了愛情」風潮，人人都在網路上創作三行詩，只要隨意寫一段話，最後加上「像極了愛情」，一首有模有樣的三行詩就完了，原來仿寫一首詩並不難，依樣畫葫蘆再加點變化，大家都成了詩人。

模仿可說是學習的基礎，看著別人怎麼做，自己也試著做做看，再從模仿中逐步修正，臻於至善。寫作呢？學生的作文訓練是一個從模仿到創造的歷程，從仿到作、由俗至雅是學生練習寫作的基本進程，仿寫即是讀寫結合的最基本型式。

從低年級就要建立仿寫的寫作技巧，課文就是學生練習仿寫的範文，仿寫讓寫作有了方向，也有寫作鷹架可以依循。低年級常見的

照樣寫短語、照樣照句就是仿寫練習的基礎，從仿寫句子，到仿寫童詩，至仿寫篇章，老師可以有序的建立仿寫的序列教學。

 **正會這麼做**

一、句型詩——〈世界改變了〉

句型詩，顧名思義就是利用句型來寫詩，以相同的句型反覆仿寫，因相同的結構和重複的字詞，呈現了詩的韻律感和節奏感。只要一天寫一個句子，一個星期就完成了一首詩！

句型詩的指導，要回歸到句子寫作的指導，先來看兩個例句：

1. 以前的冬瓜體積龐大，現代家庭人口簡單，一次吃不了這麼多，於是他就研發「迷你冬瓜」的新品種。

2. 以前的交通不便，現代有各種便捷的交通工具，於是，人們外出旅行的機會就變多了。

先讓學生理解句子的邏輯，再進行仿寫。上面兩個例句的前半部以「對比」的方式來呈現古今差異，後半部導出「於是」來呈現因果關係。

了解句子怎麼寫出來的之後，就要進入創作。我所訂定的題目是「世界改變了」，混合接寫和仿寫的練習，我給了詩的開頭和結尾，學生需要接寫中間部分，並以相同的句型出現三次。

引導完句型仿寫後，接著可以引導學生思考內容，如，這個世界改變了什麼？第二個例句是「行」的改變，所以可以引導學生往食、衣、住、育、樂思考，中間部分才會有層次。

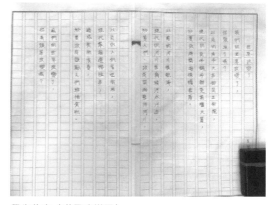

學生仿寫〈世界改變了〉

二、詩歌仿寫──〈淡水小鎮〉

〈淡水小鎮〉為康軒三上的課文，由四首以淡水為主角的小詩所組成，包括〈老街〉、〈阿婆鐵蛋〉、〈紅毛城〉和〈小船〉，介紹淡水的景點、古蹟、美食等。

閱讀課文時，我會思考著如何讓學生運用這篇課文寫出一篇作文，既然課文是〈淡水小鎮〉，我就讓學生寫〈屏東小鎮〉，較為接近他們的生活經驗。既然要寫〈屏東小鎮〉，那小鎮裡有什麼景點、古蹟和美食值得介紹呢？透過小組發想，我們選定了〈舊鐵橋〉、〈凌雲眷村〉、〈屏東肉圓〉和〈北大武山〉等四個切入點。

記得要把握課文中的重要句型或修辭，遷移至新情境進行仿寫練習，以達到有效學習。

★課文中的句型、重複出現的詞語，成了學生寫作運用的主角。

	〈老街〉	〈阿婆鐵蛋〉	〈紅毛城〉	〈小船〉
學生 仿寫	〈舊鐵橋〉 長長的舊鐵橋， 它歷史悠久， 有想不到的故事。 屏東的現在， 屏東的過往， 都在這橋上， 等你來聽故事。	〈屏東肉圓〉 夜市的肉圓， 又軟又Q， 又白又亮， 像阿猴的傳說一樣， 愈咬愈香。	〈凌雲眷村〉 破爛的眷村， 站在馬路旁， 靜靜的凝視大地， 靜靜的仰望小鳥， 在回想眷村的美麗。	〈北大武山〉 又大又尖， 又綠又高， 也像爸爸一樣， 擋住災難， 也像媽媽一樣， 遮風避雨。

三、結構仿寫──〈請到我的家鄉來〉

　　我們可以從課文中引導學生讀出結構，如時間結構、空間結構、因果關係結構或散列結構，課文中常見前三種結構，散列結構則較少見。散列式結構的特點在於段落之間無從屬和順序關係，康軒四下〈請到我的家鄉來〉就是一篇散列式結構的課文，共有四個自然段，每個段落內的開頭與結尾都是相近的，寫法相當一致，很適合依段落的結構來練習仿寫。

步驟一：解構段落

　　找出一個段落，逐步解構分析寫法。

　　第一句：請到我的家鄉來，我的家鄉是……

　　第二句：家鄉的第一個特色

　　第三句：家鄉的第二個特色

第四句：家鄉的第三個特色

第五句：來吧！請到我的家鄉來！

步驟二：以心智圖進行內容發想

若自己的家鄉是臺灣，請介紹四個縣市，這四個縣市各有什麼特色呢？

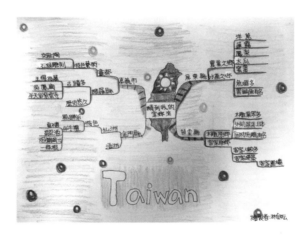

步驟三：以心智圖內容為素材進行寫作

第一段：屏東

第二段：苗栗

第三段：嘉義

第四段：金門

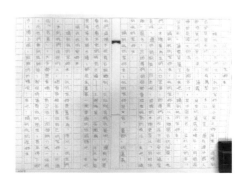

四、形式仿寫——〈注音練習〉

2018年林榮三文學獎新詩首獎——林儀〈注音符號〉，這是一首情感濃厚的詩，從大家熟悉的注音符號的聯想來道盡母親的一生。

我快速帶著同學讀這首詩，初淺了解詩的意象，引導學生發現這首詩的創意寫法，並以相同形式，寫出一首以「畢業」為主題的詩。主題設定後，分別從ㄅ開始聯想，找出一至二個以ㄅ為聲母的詞，依序寫完，最後依照注音符號的順序創作出這首詩。

學生進到小學裡，一開始接觸的就是注音符號，以注音符號的詩來回應即將畢業的自己，也是一種回顧與感動。

由注音符號聯想語詞，並創作一首詩。

正 想 對 你 說

仿寫是很基本的寫作技巧,參考的文章成了學生寫作的鷹架。生活隨手可及的文本都適合練習仿寫,流行歌曲的歌詞也是很好的素材,其反覆句式所形成的節奏感,更是朗朗上口。

練好基本功,馬步穩了,讀寫能力即將奔騰。

第**13**計 ＼讀寫能力向前衝／

擴寫來幫忙

句一：「小貓咪吃魚肉」

句二：「奶橘色的小貓咪在公園裡，狼吞虎嚥的吃剛煮好的魚肉，真是幸福。」

以上兩個句子的意思是相同的，但是第二句描寫得更豐富，句子更加完整，這就是「擴寫」的寫作技巧。

擴寫是什麼呢？擴寫是針對原文的內容，在不改變原來意思的前提下，進行擴展和充實，讓句子更加具體、生動、有畫面。擴寫需要引發想像力來進行合理的創造，強化發散性思維能力，可以加深對原文的理解，發展出具有想像力、細膩度的描寫。

 正會這麼做

利用擴句方法可以寫出更具體生動的句子，讓讀者腦中有畫面，引人入勝。而具體描寫，也會讓句子更有質量。

句子最簡單的結構為「什麼人＋什麼事」（二要素），加入時間和地點形成四素句，讓句子更加明確。除了加上時間和地點之外，還可以如何進行擴句呢？可以從最基本的名詞出發，一步一步引導學生進行擴句。

一、擴句九宮格

1.加形容詞	2.加能力	3.加量詞
8.加對話	**擴句九宮格**	4.加地點
7.加個性	6.加動作	5.加時間

範例：

1.灰貓	2.會自己洗澡的灰貓	3.一隻會自己洗澡的灰貓
8.昨天傍晚，有一隻會自己洗澡，個性古怪的灰貓，匆匆忙忙的從鄉下來到這裡，小聲說:「這裡好熱鬧呀！」	**擴句九宮格（貓）**	4.一隻來自鄉下，會自己洗澡的灰貓
7.昨天傍晚，有一隻會自己洗澡，個性古怪的灰貓，匆匆忙忙的從鄉下來到這裡。	6.昨天傍晚，有一隻會自己洗澡的灰貓，匆匆忙忙的從鄉下來到這裡。	5.昨天傍晚，有一隻會自己洗澡的灰貓從鄉下來到這裡。

二、擴寫樹

　　除了擴句九宮格外，也可以請學生發想自己的「擴寫樹」，以樹木「開枝散葉」的意象來練習擴句。由老師先在課堂上示範，在黑板上寫下一個句子後，再引導學生透過小組討論，加上不同的元素將句子拉長，句子越豐富就越生動，擴寫樹如同學生的「擴句指南」。

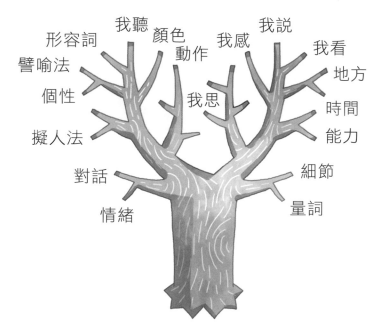

透過發散思考，創造出自己的擴寫樹。

　　進行擴寫時，可以加入擴寫樹中的元素，比如：可以加入修辭（擬人法、譬喻法），也可以加入細膩的觀察（我聽、動作、對話），還可以加入主觀的想法（我感、我思、情緒）等等，讓內容更加豐富。

三、具體描寫

　　從教材面出發，翰林版本三年級的課本有個「加上描寫更精彩」的系列教學，引導學生學習如何具體描寫。

加形容詞	1.時間是斑馬，牠跑得實在太快了。 2.時間是飛奔的斑馬，牠跑得實在太快了！ 3.時間是飛奔的斑馬，一會兒是白天，一會兒是黑夜，牠跑得實在太快了！
加感覺和反應	1.樂樂看到水蜜桃。 2.樂樂看到最愛吃的水蜜桃。 3.樂樂一看到最愛吃的水蜜桃，眼珠子都快掉下來。 4.樂樂一看到最愛吃的水蜜桃，眼珠子都快掉下來，伸手就要拿來吃。
加動作	1.猴子聽了都很憤怒。 2.猴子聽了都很憤怒，一隻隻跳起來亂抓亂叫。
加聽到的、看到的	1.風吹來，捲起了浪花。 2.風呼呼的吹來，捲起了浪花。 3.風呼呼的吹來，捲起了朵朵白色的浪花。
運用對比	1.走道只有我們匆匆忙忙的腳步聲。 2.安靜的走道，只有我們匆匆忙忙的腳步聲。
寫出畫面	1.除夕夜的路上，好像只有我們一家人。 2.長長的雨絲落在車窗上，除夕夜的路上，好像只剩下我們一家人。

（表格整理自翰林三上國語課本）

四、加油添醋練擴寫

遇到童詩時，也很適合導入擴寫練習，可以帶著孩子加油添醋練擴寫，童詩改文練改寫。

康軒五下〈田園交響曲〉包含兩首詩，其中一首是羅青的〈水稻之歌〉，這次的寫作任務是進行詩文改寫，將童詩改寫成記敘文，在童詩的基礎下，加入更多的想像來進行擴寫。

在引導學生對於農田風光的想像時，因為大多數學生很少看過農田，所以可以借助影片（周杰倫的稻香ＭＶ）定格時進行看圖說畫，說出腦中所想的，讓想像看得到。

學生作品：水稻的日常／陳品潔

每天早上爬起來時，就察覺我滿臉盡是冰涼的露水，顆顆晶瑩剔透的露水，粒粒清涼爽身，涼爽極了！我揉揉雙眼，望著住在三合院裡的大白菜，肥肥胖胖的相偎相依，就像一隻隻的小鴨在取暖，一家子好夢正甜的睡著了。

這時，在遠處湍急且快速流動的溪水，就像剛出門且可愛的小牧童，在吵鬧聲中趕著河流裡的小魚，也因為這樣，他們吵醒了一座正在睡覺的木橋。而木橋說：「是誰？吵醒了我，我明明還在睡覺，誰這麼大膽？」他生氣的大吼大叫，驚擾了身邊的動植物，每個人也紛紛甦醒，開啟了不怎麼美好的早晨。

做早操的時間到了，我們便興高采烈的向前後看齊，搖搖擺擺，把腳尖緊緊併攏，把自己像樹枝細細長長的手臂高舉，將手臂伸展成大 V 字形，也將背部彎下伸展，時而整個身體躺平，時而兩隻手開合。經過一整夜閃亮星空的洗滌下，隨著時間推移，看著旭日東昇，美好的一天就自動開啟。

迎著清爽的和風，迎著第一聲清脆悅耳的鳥鳴，成整齊有序的體操隊形，「散—開！」一聲令下，我們變成了遼闊的田野，變成一望無際的稻田，變成了長達千萬里的隊伍！我們成為屏東平原中最美麗的一道風景。

正 想 對 你 說

　　擴寫如開枝散葉般美麗，如孔雀開屏般精彩。我認為擴寫是一個ＣＰ值極高的寫作技巧，對於學生而言，學會擴寫技巧就能讓作文的字數增加，這解決了學生造句或作文寫不長的窘境，更增加了文章的可看度。

　　老師在批改學生的造句作業時，即可運用如此的擴寫招數，以插入符號引導學生拉長句子，讓畫面更加豐富、生動。

第14計 ＼人人都是編故事高手／

接寫有妙招

某一年的期末語文活動，我們全班一起玩故事接龍。

我起頭：「今天早上，小明要去路口的便利超商買點心，一個不小心，他踩到了『黃金』。」全班開始興奮了起來，因為這是他們覺得最有趣的搞笑情節，我以「接龍開火車」的方式，指定一個同學接著往下說一段話，再換下一個同學接下去。

一節課的時間過去，我們共同完成故事接龍，而故事中的小明成了漫威電影中的英雄人物，擁有了飛天遁地的能力。雖然故事結局有點失控，但是學生享受著創作故事的樂趣。

接續著上一個人所說的故事來發展，就是運用接寫的技巧。接寫是根據現有的材料，依據一定的提示，從已知的條件出發，推論故事發展過程中可能出現的狀況，結合自身的生活經驗，發揮既合理又充分的想像力，將句子或文章完成。

若將文章分成開頭、中間和結尾，接寫練習可以發展出以下四種

類型：

類型	結尾	中間	開頭
第一種	提供文章的中間與結尾部分		**補寫開頭**
第二種	**接寫尚未完成的部分**		提供文章的開頭
第三種	提供文章的結尾	**補寫中間部分**	提供文章的開頭
第四種	**補寫結尾**	提供文章的中間	**補寫開頭**

 正會這麼做

一、接寫句子

接寫句子從低年級就可以開始訓練，老師給了前段的句子（情境），學生要繼續往下接寫句子。

指導接寫時，老師要特別注意主詞是否前後連貫、時空的安排必須一致、遣詞用句要順暢。即使是已經完成的句子，也可以運用你的想像力和生活經驗把句子延長。

中高年級時，可以利用習作的空間，繼續練習接寫句子。例如從題幹四個形近字中，學生要在習作題內填入三個形近字，並繼續往下接寫句子，把剩下的一個形近字也寫進句子，「強迫中獎」的接寫要求，讓學生在限制語境下，必須思考更多，發揮想像力及邏輯力來寫出好句子。

例如：帖、沾、貼、站

舅舅寄來的喜（　），被搗蛋的弟弟拿去玩，上面不僅都是（　）紙，還（　）滿了口水，＿＿＿＿＿＿＿＿＿＿

習作是每個孩子必須練習的簿本之一，備課時可思考如何讓每一次的讀寫練習都更有價值。

二、接寫文章

範例 1：〈笨鵝阿皮〉

〈笨鵝阿皮〉是一篇具有童趣的故事，教完這一課時，我讓學生在聯絡簿上接寫故事，並提供兩個方向引導學生思考。

接寫一：阿皮繼續出糗，死性不改。

接寫二：阿皮擁有書籍並認真閱讀，得到智慧幫助他人。

在引導接寫時，若是以故事作為體裁，可以再次複習故事結構。引導學生思考：若以上述的接寫二為結局，笨鵝阿皮會遇到什麼難題？該如何解決呢？

指導學生故事接寫時要善用提問，如，接下來呢？還有嗎？再來呢？這三個問句能激發學生的想像力，只要學生多發表及老師多稱讚，許多天馬行空的想法就會如江河般湧出。

從故事接寫的發展，也可以窺見學生的想法，在批判思考中看見不同觀點的價值。

學生的作品，在結尾帶出故事寓意，也扭轉了主角的命運。

範例 2：〈最後一片葉子〉與〈張小柔〉

在進行歐亨利的〈最後一片葉子〉一課時，主要的教學設計是帶著學生看見故事中的意外結局。主角蘇西看著窗外的葉子在風雨中飄搖，即使風雨再大，那一片葉子依舊如此翠綠又有活力，蘇西靠著那片葉子而有了求生意志，沒想到那葉子是瘦弱的老畫家在風雨飄搖中，一筆一畫完成，老畫家也因此得了急性肺炎去世。

歐亨利總是在故事結尾處筆鋒一轉，寫出一個意想不到的結局。身為讀者，閱讀完他的小說總是大呼過癮，看到最後而驚呼時卻又發現：這個結局雖在意料之外，卻又在情理之中，因為在文字脈絡中，歐亨利已埋下伏筆，我請學生回到文章中再次閱讀，找出提示結局的句子。

最後，我延伸了愛亞的〈張小柔〉讓學生進行結局的預測與接

寫，從中了解學生的接寫是否符合邏輯。原來，故事一開始就誤導我們，讓我們覺得張小柔是一個被領養的孩子，隨著故事結局就要揭曉，原來張小柔是一隻貓呀！

範例 3：〈人魚公主〉

　　網路上流傳著一份北模的寫作題目，內容改寫自安徒生〈人魚公主〉，文章的最後一句話是：「小美人魚看著美麗的新娘在王子的懷中睡著，她握刀的手……」學生要發揮想像力，在不違逆前文情節和人物性格的前提下，續寫「她這一刀到底是刺下去還是不刺」之後的故事，讓全文有個明確的結局。

　　我自己滿喜歡這個很不一樣的作文題目，所以就讓自己班級的學生也試試看。

　　我先請小朋友閱讀文章，然後想一想：如果是你，你會刺殺王子嗎？並將自己的想法和理由寫到便利貼之上，

學生以便利貼寫出自己的想法

而我在黑板畫了一個光譜，讓孩子將自己的決定貼在光譜之上。

　　二十四位同學之中，有兩位的答案和大家較為不同，我讓學生說一說他們的想法，也請光譜另一端的同學說一說，雙方相左的意見有了交流。

　　我也考慮到，選擇有時會因為不同的情境有所轉變，因此在聽完雙方的想法後，又導入學生熟悉的流行歌曲，歌詞中有很大的比例在討論情感關係，適合用於思辨及討論。當學生聽完歌曲、看完歌詞的描述後，再重新思考，是否會改變自己的決定。

　　流行歌曲的運用，可用於歌詞討論、意境思考，甚至成為不同閱讀媒材的延伸閱讀唷！利用中午吃營養午餐的時間聆聽與課文有關的歌曲亦是不錯的方式。

康軒五上 課文與流行歌曲之跨領域學習（舊綱）			
課名	搭配歌曲1	搭配歌曲2	聆聽欣賞與思考任務
一、我的夢想	周杰倫—— ＜夢想啟動＞	五月天—— ＜我心中尚未崩壞的地方＞	找出歌曲中，關於夢想的敘述。
二、拔一條河	林思杰—— ＜不想放手＞	五月天—— ＜倔強＞	找出歌曲中，關於堅持的敘述。
三、從空中看臺灣	蔡依林—— ＜臺灣心跳聲＞	滅火器樂團—— ＜早安臺灣＞	關於臺灣之美，歌曲提到了哪些？
四、不一樣的醫生	藝人合唱—— ＜給牠一個家＞	游鴻明—— ＜流浪狗＞	找出歌曲中，關於狗的敘述。
五、分享的力量	伍思凱—— ＜分享＞	韋禮安—— ＜分享快樂＞	找出歌曲中，關於分享的敘述。
六、田裡的魔法師	周杰倫—— ＜霍元甲＞	林俊傑—— ＜曹操＞	找出歌詞中，是如何描述人物的？
七、從失敗中覺醒	A-LIN—— ＜海洋之心＞	任賢齊—— ＜再出發＞	找出歌曲中，鼓勵他人從失敗中成長的敘述。
八、火星人，你好嗎？	薛之謙—— ＜火星人來過＞	S.H.E—— ＜我是火星人＞	找出歌曲中，關於火星的敘述。
九、溪谷間的野鳥	趙傳—— ＜我是一隻小小鳥＞	飛兒樂團—— ＜我要飛＞	找出兩首歌所傳達的意義。
十、海豚	蘇打綠—— ＜飛魚＞	陳建年—— ＜海洋＞	感受與海洋相關歌曲中的輕鬆愉悅氣氛。
十一、泥土	吳志寧—— ＜泥土＞	周杰倫—— ＜稻香＞	找出歌曲中，描述農村生活的句子。
十二、衝破逆境	蕭煌奇—— ＜逆風飛翔＞	林俊傑—— ＜不為誰而作的歌＞	找出歌曲中，描述勇敢前進夢想的句子。
十三、想念的季節	林俊傑—— ＜加油＞	五月天—— ＜笑忘歌＞	找出歌曲中，關於友情的敘述。
十四、小樹	蕭煌奇—— ＜阿嬤的話＞	品冠—— ＜孩子別忘了我＞	家人間的感情是很濃密的，找出歌曲中描寫家人情感的歌詞。

流行歌曲提供不同的思考情境

正 想 對 你 說

進行接寫指導時，我常説：「想像你自己就是故事中的主角，接下來會發生什麼事？」學生必須思考主角面臨到的問題或是處境，而故事會如何發展端看作者的智慧，學生練寫作也練習設身處地的同理心。

記得善用接寫魔力三句：

1.接下來呢？

2.還有嗎？

3.再來呢？

接寫變得好easy！

第15計 ＼讓人耳目一新的創思／

改寫神助攻

幾年前一部韓劇《驅魔麵館》讓我醉心不已，它改編自熱門漫畫。改寫是個絕佳的創作方向。

從課文進行延伸寫作，改寫的確是一個很好的途徑，也是中、高年級必備的寫作技巧之一。改寫是根據原文的思想內容，改變其表現形式的作文訓練方法，寫出與原文相關卻又不同的新文章，是建立在原定題材的基礎上進行再創作。

 正會這麼做

在進行改寫練習時，老師可以先介紹改寫作文的基本要求：

1. 扣緊原文中心思想，改寫後的文章要與原文的中心思想一致。

2. 改寫要符合原意外，還要加上自己對於原文的理解和想像。

3. 若改寫為不同體裁的文章，內容既要保持原文的精彩處，又要符合新體裁的要求。

以上的基本要求可當作改寫練習的寫作要求，確保擁有改寫的基本技巧。除此之外，還可以運用以下三種方式進行內容改寫的訓練。

1. 改變人稱：如將作品改成第一人稱或第三人稱。

2. 改變敘述方式：順敘可以改寫成倒敘、也可以改寫成插敘。

3. 改變文章的體裁：如將古詩或新詩改寫成記敘文、說明文改寫成記敘文、故事改寫成劇本。

課例分享

改寫可以建立於擴寫方法來進行，維持「有增有減、意境不變」的方向進行，以下分享三個課例。

一、康軒五上〈海豚〉改寫成「海豚歷險記」

本課為說明文，若要從課文延伸寫作，有兩種操作方式，一種是寫一篇動物說明文，一種是進行人稱的改寫。這次讀寫主要是練習改寫，結合課內的閱讀階梯一〈永不掉落的葉子〉，練習將第三人稱改寫為第一人稱，從客觀角度改寫成主觀角度，也會帶入更多的情感與個人觀點。

為什麼要將作文題目定為「海豚歷『險』記」呢？課文提及海豚面臨許多威脅，如，漁民捕魚用的流刺網、與船隻撞擊意外死亡、海洋汙染導致食物銳減、填海造陸讓海豚的棲息地消失等，這些都是海

豚生命中可能面臨的危險。於是，我讓學生轉換視角，思考自己就是一隻海豚，將遇到哪些生命的威脅寫進文章裡。同步也導入故事創作中的「一波三折」原則，讓故事寫得更精彩。

課本提到的特徵：
1. 長相：流線型的特徵
2. 鼻孔移到頭頂
3. 恆溫動物
4. 不同叫聲有不同作用

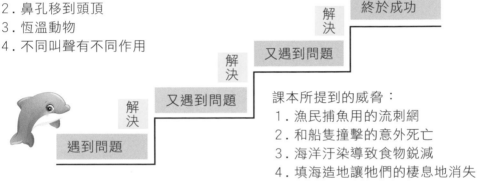

課本所提到的威脅：
1. 漁民捕魚用的流刺網
2. 和船隻撞擊的意外死亡
3. 海洋汙染導致食物銳減
4. 填海造地讓牠們的棲息地消失

學生作品：海豚歷險記／張欣屏

　　大家好！我叫屏屏，是住在東部海域的小海豚，我們的家族成員都保有流線的身軀，像魚雷一樣游泳很快，我們和人類都是哺乳類動物。說到人類就讓我想起今天收到奇怪的警告，要我的家族快逃走，我的頭上有三個問號。

　　日子一天一天的過，我們的生活環境有了變化。我們的水質狀況越來越混濁，當我躍上水面看時，我嚇到了！到處都是工廠排放的汙

水，以及獵捕海豚的船隻。當我回過神來，發現有一艘船向我駛來，我差點被船撞倒，下去海底時，一個流刺網勾到我的尾鰭，讓我受傷了，我努力的游動，不讓傷口阻礙我前行，趕緊告訴同伴這裡有危險。

同伴知道後，決定家族大遷徙，移到綠島附近，那裡的海域相當平靜，適合海豚群居。我們在那裡找到了傳說中的海底城市，大家定居下來。這次的遷徙，途中死了不少夥伴，因為大家都習慣了花蓮，無法適應綠島的海水。有一次，我用額隆發出求救聲：「快來救我！」但還游不到一半就因為一個不明物體刺到我的身體，讓我全身發冷，幸好有路過的鯨魚來幫我，才救回一條性命。

為什麼東部海域的海豚數量會減少呢？這是很多人類因素所造成的。我是保育類動物，請不要趕我走，也不要傷害我，還給我一個乾淨的家園，好嗎？

二、康軒五上〈火星人你好嗎？〉改寫成「火星一日遊」

〈火星人你好嗎？〉是一篇介紹火星探測器及火星的說明文，這篇作文的寫作任務是進行文體改寫，將說明文改寫成記敘文（遊記），將閱讀說明文所得到的知識，轉化成遊記中的所見所聞。

學生作品：火星一日遊／張詠筑

　　我站在麥田圈裡，享受著清風，突然眼前出現了一扇門，我手一推，居然走進了太空船裡，而來迎接我的是火星人，他們說要帶我去火星，我欣喜若狂，開心的不得了。太空船停了下來，而在前面迎接我的就是八大行星之一——火星。

　　下了船，走上火星，前所未見的山谷與高山一一進入我的眼簾，外星人帶我們去參觀了一個小石子博物館，火星人說：「這裡面有許多石頭，都是火星剛出生時就有的，也有些是外太空來的小隕石。」我拿起一顆小石子，細細一看，發現石頭上還有一些紋路。我不禁對火星增加了一份好奇感。

　　走出石頭館後，火星人為我穿上類似降落傘的衣服，並把我帶到一個深不見底的山谷，要我跳下去，我想都沒想就一鼓作氣跳了下去，到了谷底，火星人從對講機對我說：「谷底有許多紋路，都是洪水留下的痕跡，可是因為火星的吸引力太小了，所以水很快就被太陽蒸發。」我心想：「這些痕跡讓讓人想到火星那些有水的日子，如果火星上真的有水，不知道會是什麼樣子呢？」

　　快下午了，我準備回到地球，臨走前，火星人要我保守祕密：「我只告訴你，別說喔！」

三、故事結構結合改寫策略

以康軒舊綱五上第三單元第十二課〈衝破逆境〉為例，收錄了兩則劉俠的小品文，其中〈小蜘蛛〉一文以「先敘後議」的方式，描寫小蜘蛛在書桌上的燈結網，結網時受到許多干擾，但卻不停嘗試。

作者藉此觀察蜘蛛結網的過程，體會到堅持到底，永不放棄的打拼精神。基於「每個故事包裝一個道理」的想法，這樣「先敘後議」的故事，很適合改寫成故事。

將原本課文中的小蜘蛛擬人化，讓小蜘蛛開口說話，道出自己堅持到底的故事，以及過程當中遇到哪些困難。

故事結構可以分成五個層次，方便學生創作出有層次的故事，老師在上課時，可以先讓學生看故事梯結構，了解故事的高低起伏，再用表格寫出大綱，或寫在故事梯裡。

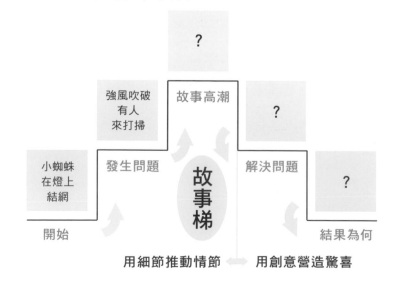

故事梯層次	內容	以課文〈小蜘蛛〉為例
開始	先介紹故事及主角背景。	有一隻小頭、小腳、小肚子的蜘蛛,在一座彎月造型的燈上結網。
問題出現	故事主角遇到什麼問題,需要主角來解決。	蜘蛛網過於脆弱,總是被風吹破,有時候還被打掃阿姨的抹布用破。
故事高潮	在解決的過程當中,發生了哪些精采的事情?可以是趣味的,可以是刺激的。	**由學生創思**
解決方法	主角運用什麼方式來解決問題。	**由學生創思**
結果如何	主角後來怎麼了?故事如何結尾?	**由學生創思**

　　表格中由學生創思的部分,可以讓學生分成小組討論,進行多元創意思考,引發學生的想像,解決方法越獨特越好,讓人有耳目一新的感覺。(延伸閱讀第20計:教室故事屋)

正想對你說

　　「取捨得當、合理想像」可說是改寫練習的八字箴言。改寫可以培養分析力、想像力和表達力，不但要先讀通、讀懂課文，接著判斷課文訊息進行取捨，最後展開豐富的想像力，才能寫出一篇改寫佳作。最後謹記改寫三要：要掌握原文內容、要感受原文意境、要進行合理想像。

　　我曾經看過一部著名韓劇——《信號》，主角透過手上對講機可以穿越時空辦案，劇中好幾集都是根據真實事件改編。穿越劇的寫法，其實也是改寫的方法之一喔！

單元三

讀寫的序

月日 值日生…

步步高升

寫景寫人有妙招，敘事說明有條理，
為孩子的語文能力奠基，讓他們看見更寬廣的世界。

第16計 ＼三階段讀寫教學怎麼做／

看懂課綱 教學不慌

108課綱已上路，取代了九年一貫課綱及高中課綱，這將是影響未來十年教育最重要的改革，關於這件教育界的大事，我們應該都已經做好準備，迎接下一個教育黃金十年。

曾經有一句話是這麼說的：「得語文者得天下。」語文與文字、文章、文學、文化緊密結合，當語文能力的奠基越高，孩子越能看見寬廣的世界。不但如此，語文更是一切學習的基礎，當孩子掌握了學習方法，便可以將此經驗遷移至其他領域。

身為一位國語文教師，當我們打開課本進行備課時，首要思考兩個部分：教學目標（教什麼）、教學活動（怎麼教），先確立了教學目標後，再據此設計教學活動，這樣才不會失焦而跳脫語文學習主軸。

因為每位老師有自己擅長的部分，若先設計教學活動，再回扣教學目標來進行，可能變成只教了部分能力，而導致孩子的能力不均。

因此，若我們都可以根據課綱中所揭示的學習表現來省視教材，確定教學目標，設計教學活動，學生的語文能力才能聚焦、全面及完整。

 正會這麼做

　　課綱中的學習重點由「學習表現」和「學習內容」組成，前者偏向學習的認知、能力及情意，後者偏向學習素材，二者相互交織為緊密的學習重點網。國語文之學習表現分為「聆聽」（代碼1）、「口語表達」（代碼2）、「標音符號與應用」（代碼3）、「識字與寫字」（代碼4）、「閱讀」（代碼5）與「寫作」（代碼6）等。也就是說，這六大項就是我們語文課的主軸，那我們看課綱應該專注什麼呢？

一、關注階段性

　　在每一個學習階段中，學生有分別的重要能力要學習，老師在備課時，不只是關注於目前這一課，還要看見這一課在整冊國語課本中的文本價值，更要關注孩子先備經驗為何？在這個階段應該學習到什麼程度？

　　以「識字與寫字」而言，認識基本筆畫和筆順是低年級重要的學習表現，若學生在高年級還在進行筆畫和筆順的學習，更重要的閱讀理解與寫作的時間是不是就不足了呢？一個星期有五至六節課的國語

課時間，該怎麼教出語用能力，教材的搭築是很重要的事。因此，關注國語文課綱裡的階段性，可以讓我們知道在什麼階段，孩子該學會什麼能力。

二、關注序列性

語文能力是一種積累，以螺旋式不斷加深加廣，若把學習表現進行分類可以發現：學習表現是有序列性的。以「閱讀」項目而言，其中朗讀的學習表現在三個階段都有呈現，但其安排具有序列性：

5-Ⅰ-1 以適切的速率正確地朗讀文本

5-Ⅱ-1 以適切的速率朗讀文本，表現抑揚頓挫與情感。

5-Ⅲ-1 流暢朗讀各類文本，並表現抑揚頓挫的變化。

低年級的朗讀有適切的速率和正確性二個要求，到了中年級，加上表現抑揚頓挫和情感，而高年級更加入流暢性與抑揚頓挫的變化，可見，光朗讀這個能力，不但在不同的階段有不同的要求，而且更是延續前一階段來加深加廣。

我將閱讀項目的學習表現進行分類，可參閱66頁的閱讀學習表現簡表，可以看見其序列性。

　　以高年級的老師而言，在進行語文教學時，可以先查看孩子在中年級階段學會了什麼？而高年級即將學會什麼？如此一來，才能避免耕了別人的田而不自知。

　　有老師可能會問：「不是每一個老師都是按照課綱的指示來教學的，怎麼辦？」以我帶班的經驗，有一個學期的時間與孩子磨合，從不同的方式來看看孩子的程度是否合乎階段，不及之處，用一個學期的時間補齊中年級必備的能力。

　　帶五年級時，我還是把之前該會的識字詞方法教給孩子，孩子學會後，老師的教學才會更輕鬆。

　　依循從課綱進行備課的大原則，我擘劃了每學期要練習的寫作技巧、架構，並設不同的情境讓學生遷移使用這些技巧，如，課內讀到新聞報導時，讓學生化身為校園小記者，寫一篇「感恩音樂會新聞報導」的練習。

　　在作文簿的封面設計中，我讓學生在題目旁邊用紅筆寫上每一次作文的主要訓練點，老師在學期結束後，對於學生在這學期的寫作能力養成有一個清楚的面貌：學生該學的有沒有練習了？下學期可以練習什麼來承續上學期的教學？學生在哪些文章的寫作表現比較不盡理想？

封面設計標示著每學期的寫作技巧訓練重點

正 想 對 你 說

　　課綱指引我們教學的方向，從學習表現中可以看見學科本質，以課文中常見的主題——安平古堡為例。在國語課本和社會課本中都有提及安平古堡（康軒國語三上〈參觀安平古堡〉，南一社會五上〈大航海時代〉），但國語課和社會課的學科本質有所差異，如何進行教學也會有差別，從課綱出發的教學才能扣緊學生的重要語用能力。

說清楚、講完整、道具體

敘事基本功

　　從三家出版社的三上國語課本來看，都有提及敘述四要素和敘事順序，可見進入三年級，寫好敘事類的作文是必備能力。翻開歷年的會考作文題目，敘事也是常見的範疇，所以，學生可以把一件事情寫清楚、寫具體、寫生動，作文就成功了一半。

年度	題目	連結事件
102	來不及	來不及做什麼事情呢？
103	面對未來，我應該具備的能力	具備這個能力所需要歷經的過程
104	捨不得	和誰感到捨不得？之間發生了什麼事情？
105	從陌生到熟悉	與〇〇從陌生到熟悉的歷程
106	在這樣的傳統習俗裡，我看見……	主角與傳統習俗連結的事件
108	青銀共居	青年和銀髮族共居時所發生的事
109	我想開設一家這樣的店	想開這間店的心路歷程
110	未成功的物品展覽會	從失敗物品連結事件所經歷的過程
111	多做多得	自己在日常生活中因多做了哪件事而有所得

 **正會這麼做**

　　如果欣賞了一場出色的舞蹈表演，迫不及待想要告訴朋友它有多精彩，該怎麼做呢？也許可以錄影讓精彩畫面重現，也可以運用文字進行深度描寫，忠實的呈現當下動人的片刻。文字記錄時可利用九宮格的方式，依序填入人、事、時、地、物、視、聽、嗅、味、觸、感等，以此來搜集寫作素材。

全班同學（人）	在教室煮火鍋（事）	聖誕節全班感恩聚餐（時）
溫馨（感）	**一件難忘的事**	教室（地）
香噴噴的火鍋香（嗅）	鬧哄哄的教室（聽）	新鮮食材（物）

　　敘事類的記敘文以「事件」為核心，寫作前要先確認事件，據此展開描寫，要能「說清楚、講完整、道具體」。而且我們也要想一想，這個事件有什麼特別之處，否則，若將雞毛蒜皮瑣事全都寫進去，便會成為流水帳。所以，我們得問問自己：

　　我認為這件事情很（形容詞），**因為**（理由）。

　　敘事類的文章要清楚交代事件的先後順序和發展過程。在首段說明起因與感受，在尾段交代結果，在中間段寫出經過，對於具體的事例更要細寫，以事例來凸顯文章的主題。敘事類的作文中通常會交代出人物、時間、地點和事情的原因、經過、結果，這六項就是敘述六要素。

1.時間：年月日時寫清楚

2.地點：寫出環境和住處

3.人物：不能沒有主角

4.原因：為何會發生

5.經過：來龍去脈寫清楚

6.結果：交代結局、心得

若我們能夠掌握上述的敘述六要素，就可以知道事情的來龍去脈，簡述一件事。關於敘事類文章，我們可以從以下這些面向來進行思考與書寫：

一、結構設計

敘事類的文章可以使用事件式、因果式或方位式來進行結構設計。例如：「特別的一天」可以寫出哪些事件導致了特別的一天；「學會溜蛇板」可以寫出做了哪些努力而成功學會溜蛇板，並且強調其因果關係；「參觀花卉博覽會」可以以不同的方位轉換，介紹花卉博覽會的不同展場。三種結構設計沒有高下之分，各有適用的時機。

二、敘述方式

第一種是最常使用的順敘法，按照事件發生、發展的時間先後順序進行敘述，運用順敘法，可以讓事件的發展脈絡清晰可見。

第二種是與順敘法正好相反的倒敘法，是中年級的必備款。把事

件的結局，或是某個重要或精彩的片段提到前面描寫，其後仍按事件的發生順序進行敘述。例：康軒四上〈我的籃球夢〉即把主角空心進籃的精彩畫面寫在第一段。

第三種是插敘法，就是在敘述主要事件的過程中，插入一段與主要事件有關係的內容，再接續到先前的敘述。無論是哪一種方式，只要是以真實的情感來敘寫，就能感動人心。

三、詳略得當

一篇作文要能達到詳略得當，才能看見寫作層次，也能避免因未能區分重要環節和不重要訊息，而導致通篇文字堆砌或是流水帳。

因此，重要的事件要詳寫，與文章主旨有關聯處也要詳寫，其餘可以略寫。此外，詳寫也要有順序，可以用關聯詞將幾個步驟，寫成完整的一段話，例如：

媽媽先用一個小蘋果熬湯，一小時後，再撈起功成身退的蘋果。接著把番茄洗乾淨，用熱水燙一下，去皮切丁後，用小火煮二十分鐘。然後，拿五顆雞蛋，把蛋汁放進碗裡攪拌，再緩緩道入湯裡。最後，撒下一茶匙的鹽攪拌均勻後將火關閉，這樣就大功告成了。

四、敘事角度明確

敘事類文章離不開寫人，寫人文章離不開敘事，正所謂「事不離

人，人不離事」，所以我們可以在敘事類文章中加入對話描寫法，讓事件的呈現更加清晰。

以「我」的角度在說話，是第一人稱；以「你」的角度在說話，是第二人稱；以「他」的角度在說話，是第三人稱。在寫作過程中，人稱一定要統一，避免視角混亂。

以「一個環保袋的自述」為例，其重點在「自述」，就是以第一人稱站在「我」的立場來寫文章，把自己當作塑膠袋來自我介紹，或是表達思想感情。這篇文章在寫作之前，要先確定對象，充分了解環保袋的特性、價值或功用，才能深入的介紹。

既然是「自述」，就要以「我」的立場來寫，人稱全文得統一，不可以突然跑出其他人稱的觀點。

例如：我是一個透明的環保袋，袋子裡面裝的東西都一目了然。

此句中「袋子裡裝的東西」應改成「我肚子裡裝的東西」才對，因環保袋已經用「我」來代替。

五、敘事抒情

文章不僅僅是敘事，更多是藉用生活中的種種事件為觸媒激發情感。若能將事例寫得生動細緻，雖不直接寫情，卻在字裡行間流瀉著滿滿的情感，會讓讀者更抓緊文章的情感線索。

正想對你說

　　學生在三年級就會學到敘述六要素，老師可以利用課文來鍛鍊學生找出課文中的六要素，從閱讀到寫作，不斷的訓練把一件事情寫清楚。打好敘事的基本功後，可以再導入具體描寫、動靜結合、感官摹寫、遠近有序……等寫作小技巧來豐富文章。

　　現階段許多語文認證中，都有考「看圖説故事」，運用敘述六要素就能説出一則完整的故事喔！

＼ 如躍紙上的寫人六招 ／

人物大觀園

一筆寫成長，一筆寫衰老。

一筆寫前進，一筆寫後退。

一筆寫快樂，一筆寫煩惱。

一筆寫順境，一筆寫逆境。

一筆寫付出，一筆寫收穫。

簡單的一撇一捺，道不盡人生的風景。

我們每天遇見不同的人，他們有著不一樣的面貌、五官、習慣、口頭禪，即使是雙胞胎，也會有不同之處。著名小說家許榮哲曾說：「現代的年輕人都不會寫作，他們寫的小說千篇一律都是『兩個面貌模糊的人，在一個空曠的地方對話』。」其中「兩個面貌模糊的人」指的就是人物缺乏性格及特色。

因此，引導學生寫人時，一定要能掌握特點，從中形塑人物的特色，文章才會栩栩如生，如躍紙上。

正會這麼做

一、寫出人物特點

老師以口述的方式，說出某個卡通人物的特點，請同學猜一猜是哪一位卡通人物，並說出理由。老師可以找出該卡通人物的圖片，用圖片來揭曉答案，會更具畫面感。

卡通人物	特點1	特點2	特點3
花媽	頭髮捲捲的	身材圓圓的	嘴巴大大的
胖虎	愛唱歌	歌聲難聽	會欺負同學
蛋黃哥	睡到流口水	身體黃黃的	總是無精打采

如果班級已經熟悉這個遊戲，可以採取更進階的方式，結合「人物特點金字塔」來進行。三個線索分別限定字數為一個字、兩個字和三個字，提高遊戲的難度。

若以「槍」、「讀書」、「諾貝爾」三個線索，指的是哪一位人物呢？

人物特點金字塔

答案就是最勇敢的女孩──馬拉
拉。世界上得到諾貝爾獎的人物
有這麼多，但是因為想要上學讀
書而被槍擊的，唯獨馬拉
拉一人了。

二、特點後要舉例

寫文章時要舉出人物的特
點，後面需要加上例子才會具體，
例如：

我的奶奶今年七十歲了。雖然年紀不小，但卻和年輕人一樣，喜
歡追求時髦。假日時，她會和我一起聽韓國歌，跳韓國舞蹈；因為喜歡
買衣服，時常拉著我帶她去逛百貨公司，大特價時總是搶第一，不落人
後；她還會去蘋果專賣店，排隊購買最新款的iPhone14手機。

上面文字舉了三個例子來凸顯奶奶追求時髦的特點。寫人的文章
離不開寫事，要善用具體實例顯現特點，切記舉例要舉三次。

三、強化語言描寫

寫人的文章可以加入言語或對話，讓人物形象鮮明，達到「如聞
其聲，如見其人」的效果。學生作品有一段是這麼寫的：

今天放學一進家門，媽媽就問我期中考試卷放在哪裡，我不肯拿出來，媽媽火冒三丈。

以這個例子來說，老師可以透過「追問」來引導寫作，例如：媽媽帶著怎樣的情緒問？我又是如何回應？媽媽火冒三丈時會有什麼表情和動作？

我時常提醒學生：「字不夠，對話湊。」可以用對話來形塑個人性格並豐富文章，不同性格的人在同一情境下，可能會有不一樣的動作與言語，仔細觀察能寫出更生動的畫面。

例如：劃火柴沒點燃時，敦厚老實人會說：「哎！我真是沒用，連一根火柴也劃不著。」而性格暴躁的人會把火柴往地上猛摔，高聲怒罵：「今天老天爺和我作對，我竟然買到山寨版的火柴假貨，氣死我了！」

四、用字更精準

表示人物說話，不用每次都用「說」字，我們可以根據人物的情緒、語氣或目的來自由應用。

例一　我聽到媽媽說：「林小乖，你發生了什麼事？」

例二　聽到一聲怒吼：「林小乖，你在幹什麼？」我嚇得屁滾尿流。

例三　一回到家，媽媽在耳邊嘮叨：「你們老師剛剛打電話來，你在學校又闖什麼禍？」

　　例二和例三的句子，將「說」字抽換成怒吼和嘮叨，更加凸顯出當下的情境，所以用字需要因應情境變化來調整。其餘如，解釋、澄清、吩咐、勸、反駁、安慰、抱怨……等都表示說話，卻帶著不同的情緒，呈現不同的意義。

　　寫人物的動作時，也可以選擇更精準的動詞，如描寫與手有關的動作，只用「拿」字是不夠的，可以有其他變化。透過抽換詞面的方式來找出最適合句子的動詞，會讓人物動作更鮮明。

範例：

原句	修改後的動詞
他**拿**走了我的橡皮擦，讓我很生氣。	偷
我把椅子**拿**開，才不會擋路。	移
他**拿**著最新的iPhone手機四處炫耀。	揮舞

　　上課可以帶著學生討論是否還有更適切的動詞！

五、寫作遊戲導入

　　寫人文章要精彩，要讓讀者在讀完文字後，腦中就能浮現畫面；反之，若讓學生看人物圖片，他們應該要能運用文字，生動描寫圖片中的人物。

　　可以設計追緝犯人的遊戲，將犯人的照片投影出來，學生必須用一段話來描寫犯人的外型及五官，除了要寫出特點之外，也可以善用

譬喻句，讓文字更具想像力。各個小
組可以比較彼此的寫法，哪一個與犯
人的照片最相近呢？

哪一組能更細緻的描寫出犯人的特色？

六、結合班級經營

　　我在母親節辦過「媽媽知識大進
擊」的活動，在單子上一共有二十個關於媽媽的問題，由學生來作
答，媽媽負責批改，這個活動主要是讓學生審視自己是否了解媽媽。
裡面的題目五花八門，囊括了媽媽的各個面向，如，口頭禪、喜歡的
事物、討厭的事物、星座⋯⋯等，扣緊寫人的各個面向。我還請學生
帶了一張與媽媽的合照，方便讓學生來描寫外型。將這些內容整合在
一起，寫一篇作文，題目是「我的媽媽」。

寫作架構	
第一段	媽媽的外型（根據媽媽的照片來描寫）
第二段	媽媽的個性（根據媽媽知識大進擊活動單）
第三段	媽媽的興趣（根據媽媽知識大進擊活動單）
第四段	我的感受

147

正 想 對 你 說

　　每個人都是獨一無二的，我們可以運用觀察力察覺人物間的差異，或是人物本身細微的變化。人物類型的作文，可以先練習寫身邊的人（家人、老師、同學），再進階至寫名人，二者寫法大致相同，寫名人時，要更著重於「他帶給我的影響與啟發」。

第19計 ＼掌握寫景的祕訣／

美景拍立得

　　「你看過了許多美景，你看過了許多美女。你迷失在地圖上每一道短暫的光陰……」陳綺貞〈旅行的意義〉的旋律縈繞耳邊，旅行的意義是什麼呢？有的人覺得行萬里路，勝讀萬卷書，有的人認為旅行是找回遺失的自己，有的人認為旅行是考驗情感關係的關卡，而我認為世界是一本大書，值得我們慢慢閱覽、細細品味，在旅行中獲得新知。

　　在後疫情時代，國內旅行更夯了！許多家庭進行親子共遊，跟著課本去旅行，感受臺灣獨特的美。我們可以用文字記錄這些美景，讓那美麗晨曦、動人落日的瞬間化為永恆。

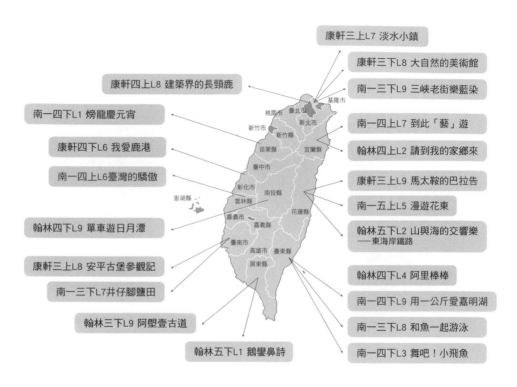

康軒三上L7 淡水小鎮

康軒三下L8 大自然的美術館

南一三下L9 三峽老街樂藍染

康軒四上L8 建築界的長頸鹿

南一四下L1 榜龍慶元宵

康軒四下L6 我愛鹿港

南一四上L6 臺灣的驕傲

翰林四下L9 單車遊日月潭

康軒三上L8 安平古堡參觀記

南一三下L7 井仔腳鹽田

翰林三下L9 阿塱壹古道

翰林五下L1 鵝鑾鼻詩

南一四上L7 到此「藝」遊

翰林四上L2 請到我的家鄉來

康軒三上L9 馬太鞍的巴拉告

南一五上L5 漫遊花東

翰林五下L2 山與海的交響樂
——東海岸鐵路

翰林四下L4 阿里棒棒

南一四下L9 用一公斤愛嘉明湖

南一三下L8 和魚一起游泳

南一四下L3 舞吧！小飛魚

跟著課本去旅行，讓知識在生活中實踐。

 **正會這麼做**

　　什麼是遊記？遊記的主角就是「風景」和「人」，是記錄「人」在這一段「風景」中旅行的所見、所聞、所感的過程。

所見	所聞	所感
自然景物：如，山川、湖泊 人文景觀：如，廟宇、建築、亭臺樓閣	神話傳說、名人故事、歷史典故、風土人情、奇人異事	獨特感受、深刻啟發、具體收穫

一、寫景有順序

　　如果寫景沒有按照順序來寫，可能會像一位沒有經驗的導遊，想到哪個景點漂亮就帶遊客到那個景點，如走馬看花般的災難。寫景的順序可粗分成時間順序和空間順序兩個類別，前者寫出景點在不同時間或不同季節的特徵，後者為移步換景、由上至下、由外至內按照順序寫出特色景點之美與感。

範例：以時間順序寫出時間變化

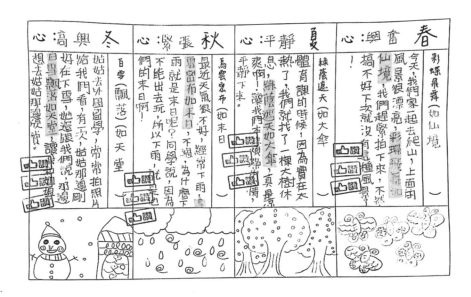

二、啟動感官雷達

海倫凱勒在〈假如給我三天光明〉中寫到自己光憑觸覺就能感受數以百計的有趣事物。只要能夠細細體會眼睛所見、耳朵所聽、雙手和皮膚所及、嘴巴所嚐和鼻子所聞,用心感受景點的特點並具體寫出,就能讓讀者有臨場感,感受更加真實。以視覺摹寫而言,可以具體描述景物的外形、顏色、狀況等,若能善用顏色也能達到很好的效果,寫出美麗的畫面。

三、想像力神助攻

想像力是創意的翅膀,讓文章可以充滿童趣與創意。學生自小一開始,就在課本中接觸擬人法和譬喻法的句子,我認為只要妥善運用這兩個修辭法,就可以寫出一篇具有想像力的作文。

朱自清的〈荷塘月色〉一文就運用大量的譬喻法來寫荷塘景色,荷葉如舞女的裙、如明珠、星星、出浴美人等,將荷葉迎風搖曳的動人姿態表現的淋漓盡致。

四、點面結合

點面結合可以表現文章層次,展現文章的深度與廣度,是記敘文寫作的重點,用攝影鏡頭的拉遠及拉近來說明點面結合最適合。

情境：學校120週年校慶辦桌	
點	面
必須拉近鏡頭來觀察對場景中的人、景、物的細節描寫。	要拉遠鏡頭來觀察，描寫整體場景，屬於全景鏡頭

詳	近	動	略	遠	靜

晚上大家都在操場吃辦桌，我拉近鏡頭拍攝大家大快朵頤及舉筷合影的歡顏。可以詳寫大家動筷子的樣子、桌上色香味俱全的佳餚等。	我的教室位於三樓，從遠處向下拍時，將鏡頭拉遠，可以拍到全景，簡略概覽全景。

　　寫遊記時，老師可以重現景點，讓學生進行看圖說話，記得請學生把戶外教學的園區摺頁圖帶回，老師發下便利貼，寫上「所見」「所聞」「所感」並將便利貼貼在有印象的景點，要寫作文前，先讓學生分享彼此的體驗。

　　此外，若無法進行戶外教學，卻又有寫遊記的需求，老師可以導入平板教學結合google map來進行。

　　上到康軒六下〈劍橋春日漫步〉時，我讓學生練習寫〈阿緱春日漫步〉，在google map設定起點（中正國小）與終點（屏東車站），只要點開街景就能欣賞沿途的美景，讓科技輔助我們寫作，不需出門也能寫出一篇寫景佳文。

至於寫景文章的第一段和最後一段如何呈現，可以從教材中尋找答案。以下為寫景文章的開頭與結尾（以康軒版為例）：

寫景文章的開頭
1. 今天是戶外教學的日子，我們參觀的地點是臺南安平古堡，坐了好久的車，終於來到我們期待已久的地方。（四要素）
2. 放暑假，爸爸要帶我拜訪「火燒島」。我不斷想像著它的樣子：它是像魯賓遜遊記裡的無人島一樣荒涼？還是像金銀島藏著各種神祕的金銀珠寶？（設下懸念）
3. 野柳是新北市著名的觀光景點，許多人特地前來參觀，我卻常常和那裡的石頭一起玩，因為我的家就在野柳。（破題）
4.「下雪了！下雪了！」初夏的時節，天氣越來越溫暖，遠遠的山腰間，卻覆蓋著一片「白雪」。原來那是開滿白色花朵的油桐樹，遠遠看去，真的很像白雪，於是有人給它取了一個很美的名字──五月雪。（寫畫面）
5. 從小，就常聽爺爺提起，他小時候在蒙古生活的點點滴滴，使我非常嚮往「天蒼蒼，野茫茫，風吹草低見牛羊」的大草原，總想親眼看看那充滿傳奇色彩的民族風情。（引用）
寫景文章的結尾
1. 只是，美麗的劍河源流，在哪裡呢？我還不曾找到。（設問）
2. 我期望將這次的旅行經驗分享給更多人，讓大家知道全世界的稀有物種，正面臨岌岌可危的生態。身為地球的一分子，應積極落實維護生態的工作，才能讓各物種都在大自然中自由自在的成長，生生不息。（議論）
3. 野柳的岩石，經過風先生和海小姐日積月累的努力，變成一件件鬼斧神工的創作。這裡真像是一座大自然的美術館。（扣題）
4. 小阿姨望著這些美麗的藝術創作，忍不住讚嘆著：「『美麗島』果真是美麗無比啊！」（感嘆）

正 想 對 你 說

寫景作文除了寫出景物之美外,更要能夠表達自己對於景物所引起的感受、啟發或讚美,才不會讓寫景文淪於景點記錄。大部分學校的戶外教學訂在星期二,隔天星期三寫遊記的作文最適切,趁學生印象還深,趁老師喉嚨還痛,戶外教學結束後就來寫一篇景物佳文吧!

記得有園區摺頁圖就要提醒學生帶回家喔!

第20計 ＼ 聽說讀寫有策略 ／

教室故事屋

霍華德說：「人愛聽故事，也是天生的說故事能手。」故事可以吸引所有人的目光，人們隨著故事情節高低起伏的發展或笑或悲。我以許多有趣的故事來澆灌孩子的童年，從讀故事、聽故事、說故事到寫故事，讓聽說讀寫的故事模組，點燃孩子對於故事的熱情。

多元輸入
結合評量

聽　讀
故事
說　寫

故事結構
讀出寫法

口語表達
多元展演

一波三折
遷移寫法

聽說讀寫學故事

 正會這麼做

一、聽故事

聽故事和讀故事同等於閱讀的輸入，聆聽的故事來源相當多元，從課內進行延伸的人物故事、午餐時聆聽youtube（推薦花媽說故事）中的奇趣故事、配合真人圖書館的人物演講、職人家長入班的職業探索，或是從流行音樂的影像閱讀來探討時事等等，透過多元媒材的聆聽，從人與自己搭起橋梁至人與他人，及人與社會的鉅觀系統。

學生聽故事時，一定要賦予任務，可以練習用文字和圖像來記錄所聽到的故事，也可以讓學生當評審來評分，看看誰說的故事最精彩，讓學生在聽故事的同時，也有任務得完成。

二、說故事

林良曾說：「一種淺淺的，卻帶有美感的語言，才是真正能打動孩子的魔法。」為了結合課本的統整單元中的數字成語故事，我讓學生上圖書館找一個自己喜歡的成語故事，並與同學分享。老師一定要指導學生上臺時呈現適切的語速及清晰的聲音，再融入更多的聲情、表情和動作，會讓聽者更加專注。

說故事更可結合戲劇，讓孩子在肢體表演中，感受故事主角的情緒轉折，當自己融入在故事之中，就能深刻感受故事緊張的情節或蘊藏的內涵。

三、讀故事

　　我們在課本內讀了不少故事，舉凡人物故事、寓言故事、成語故事、童話故事、神話故事或英雄故事等等，而不同的故事中，要教孩子讀出故事結構，當孩子能夠掌握故事結構，並能讀出故事的特殊寫法時，重述故事就變得簡單。老師引導學生閱讀故事體課文時，除了要讀懂內容外，更要讀懂寫法。

故事結構					
背景	經過	結果			
背景	問題	解決	結果		
背景	問題	高潮	解決	結果	
背景	起因	問題	解決	結果	迴響

　　以康軒五上的閱讀階梯一的故事〈永不掉落的葉子〉為例，這篇故事改編自短篇小說之王——歐亨利的作品，相當適合利用故事結構來分析，老師可以提問引導學生看出故事的高潮迭起。

1. **開始：** 在美國紐約西區有一個老舊的「畫家村」，喬安娜和蘇是年輕女畫家，她們在這裡合租一個房間當畫室。

2. **問題出現：** 身體柔弱的喬安娜，感染了肺炎，若是她的求生意志越強，越容易活下來，但她每天數著窗外那棵樹的樹葉，當最後一片葉子掉落，她的生命也結束了。

3.**故事高潮**：窗外的樹上只剩下五片葉子，又被風雨襲擊，五片葉子被風吹到快速旋轉，如此大的風雨，看來那五片葉子就要掉落。

4.**解決方法**：老畫家伯曼在風雨中爬上梯子，在磚牆上畫了那片永不掉落的葉子。

5.**結果**：喬安娜因為那片葉子而有了求生意志，努力打敗病魔而痊癒；伯曼則因此患了重感冒，惡化成肺癌，奪走他的性命。

從以上的結構分析中可以清楚看出故事的脈絡，不僅讀懂內容，更讀出寫法。

四、寫故事

國語文領綱在高年級的寫作學習表現中，提及要教會孩子創作故事，我以讀寫合一之方式，讓孩子可以在讀出故事寫法之餘，還能遷移寫法，自己練習創作故事。創作故事可以靈活運用接寫、仿寫和改寫的技巧，讓學生在一定的閱讀基礎中，進行故事創作。

五、故事中的對比

好聽的故事有個神祕密碼——人物對比，透過對比的寫作手法，讓彼此的形象更加鮮明，如，白雪公主的善與後母的惡，或是烏龜的篤實和白兔的狡猾等。在郝廣才先生的《寫作教練在你家》這本書

中，也有提到對比的手法，對比若越大，感染力會越強。

　　相信大家都聽過〈愚公移山〉的故事，主角愚公家門口有兩座高聳山脈，阻礙了村民的交通，愚公找來家人一起合力將這兩座大山移走，讓大家以後出入更方便，他的堅毅精神感動上天，天帝幫忙他完成心願。我們從故事中學習了愚公「人定勝天」的精神，只要肯做，用心拼鬥的精神一定會感動上天。

　　我在讀完這個故事給學生聽完後，隨即補充了另一個故事——〈明鑼移山〉。這兩個故事情節相近，差別在於明鑼夫婦後來以「左腳一步往前，右腳一步往前」，不斷的移動自己來移山，說穿了，自己搬動不了山，那我們就自己離開吧！可謂是「山不轉，路轉；路不轉，人轉；人不轉，心轉！」的心境詮釋，帶點黑色幽默的方式解決生命難題。

　　這兩個與「移山」相關的故事，卻傳遞出兩種不同的思維，透過「對比」，我們可以將故事看得更透澈，讓孩子激盪更多的想法。

六、繪本我來繪

　　繪本的圖像、文字，以及巧妙的情節安排，總是能夠引發孩子的想像。我們從小至大讀了這麼多繪本，如果可以自行創作一本繪本，那不是既有趣又有意義嗎？於是，我先導讀郝廣才先生的《好繪本如何好》，一窺繪本的圖文祕密，讓孩子從基礎閱讀躍升至審美閱讀，

站在比較高的高度看待繪本。學生創作完成後，我讓他們至低年級班級練習說說自己的繪本故事，彷彿是在進行「與作家有約」活動。

七、影片故事閱讀

多元的閱讀活動可以維持閱讀熱度，我以多元文本引發各種創思，網路上許多不錯的影片，都成為孩子閱讀的媒材，誠如閱讀素養的實質議題內涵中所提及，中、高年級能從報章雜誌及其他閱讀媒材中汲取與學科相關的知識，高年級更可以數位文本及混合文本作為閱讀的媒材，多元媒材中的閱讀，皆可轉化成寫作素材。

至於三個學習階段的故事讀寫如何教？教什麼？ 我從教材中簡單分析，提供老師們參考。

	低年級	中年級	高年級
故事讀寫	故事中的波折 故事總分式 以圖像重述故事 故事結構 預測故事內容 看圖寫故事	故事中的人物描寫 劇本改寫成故事 故事情節 人物對比 故事主旨移用 倒敘寫法 對話運用 故事的思考	故事中的環境描寫 故事中的伏筆 歷史故事 情緒轉折 故事的弦外之音 寓言

正 想 對 你 說

　　在討論度極高的動漫《鬼滅之刃》中，個性鮮明的人物抓住了我們的眼球，其中善惡力量對抗的曲折情節，炎柱臨死前的感動氣氛，都讓看戲的人潸然落淚。

　　故事已翻頁，臨淵羨魚，不如退而結網，書山有徑，直指勤字，勤於閱讀，讓我們一起進入故事的綺麗世界吧！

第21計 \ 說明文教學重點 /

說清楚是王道

　　說明文是生活中很常看見的文體，如，電器說明書、導覽介紹頁、百科全書等等。所以，當我們在課本裡面遇到說明文時，更要能掌握其特質，帶著學生讀懂說明文，從特徵、寫法、結構等面向來琢磨。

　　說明文的「說」為手段，「明」則是目的，表述方式以說明為主，用字簡潔精要以求流暢分明，文章富含知識性，故寫作立場客觀，以傳遞知識為主，篇章結構安排力求邏輯清晰，以便讀者吸收。

課綱中標示說明文的學習表現及學習內容

學習表現	學習內容
5-Ⅱ-5認識記敘、抒情、說明及應用文本的特徵。 **認識文本特徵**	Bc-Ⅱ-1具邏輯、客觀、理性的說明，如，科學知識、產品、環境等文本。（中、高年級相同） **不同類型說明文本**
6-Ⅱ-4書寫記敘、應用、說明事物的作品。 **書寫說明事物作品** 6-Ⅲ-5書寫說明事理、議論的作品。 **書寫說明事理作品**	Bc-Ⅱ-2 描述、列舉、因果等寫作手法。 Bc-Ⅲ-2 描述、列舉、因果、問題解決、比較等寫作手法。 **寫作手法**
	Bc-Ⅲ-3 數據、圖表、圖片、工作列等輔助說明。（中、高年級相同） **非連續文本**
	Bc-Ⅲ-4 說明文本的結構。 **結構**

 正會這麼做

　　語文教學不應該讓每一課成為教學模板，以固定的方式進行，因為每一種文體都有不一樣的價值，且寫法不同，讀法也應隨之轉換，課文文體的初判可以讓老師掌握教學方向。

文　　　體	記敘文	說明文	議論文
寫作目的	讓讀者對於說明的對象清楚明瞭	讓讀者可與作者感同身受	說服讀者使其信服
文類特點	簡明、準確	具體、生動	嚴謹、邏輯
作者態度	客觀	主觀	主觀
例　　　子	第一次自己做三明治	三明治	早餐吃三明治最健康

　　說明文的寫法與記敘文大相徑庭，老師可以引導學生發現說明文課文中的說明方法，這些方法除了要能辨識之外，還要思考其功用，最後還能遷移至寫作。

　　學生剛開始接觸說明文時，會發現課本的圖例和表格變多，因為說明文重視「文圖表共舞」以輔助閱讀。老師可以引導學生將文章的訊息整理成表格，或以圖像的方式呈現，簡化文本的訊息以增進理解。社會課本和自然課本也屬於說明文，都可運用文轉圖的方式來增進閱讀。

說明文課文中的說明方法及功能

說明方法	定義	功用	例句
舉例	舉出具有代表性的例子來說明事物的本質、特徵。	把抽象、複雜的事物或事理說得具體。	確診新冠肺炎後,可能在接觸病毒後2-14天出現症狀,如,發燒、咳嗽、鼻塞、嗅味覺失調⋯⋯等。
分類	根據事物的性質、功能等一定標準分門別類,逐一說明。	把複雜的事物條理分明的解說清楚。	疫苗大致區分成兩種,一種是活的病毒,另一種是死的病毒。
定義	用簡潔的語言,說明對象的本質和特徵。	讓說明事物的本質、特徵更加清楚。	冠狀病毒是造成人類疾病的重要病原體,因為在電子顯微鏡下可看到皇冠的樣子而得名。
數據	用數據精確的說明對象。	準確和科學的顯示事物特點,增加可信度及說服力。	數據顯示莫德納有93%的保護力,BNT則為71%,甚至不同疫苗組合也有不同的保護力,可見疫苗保護力大不同。
譬喻	以人們熟悉的事物來譬喻說明的對象。	把抽象的事物或事理說得具體易明。	變種病毒就如同不斷進化的蘋果手機,iPhone13系統操作流暢,假使升級成iPhone14,它的功能更齊全,也更受人歡迎。
比較	將兩種類別相同或不同的事物、現象加以比較,說明事物特徵的說明方法。	突出強調說明對象的特點。	新冠肺炎與感冒的症狀雖然類似,但比較之下,新冠肺炎的潛伏期較長。

　　剛開始寫說明文時，以寫貼近學生生活經驗的主題會較好入手。翰林舊綱四下〈如何安排休閒活動〉一課就是說明文，讓學生利用「下小標」的方式了解文章的架構與布局。這篇課文先說明休閒活動的意義，接著說明安排休閒活動的原則，然後列舉休閒活動的實例，最後說明休閒活動的好處。我們向課文學習布局，練習寫一篇說明文〈社團活動〉，課文的架構成為我們寫作文的大綱。

　　要寫這篇作文要閱讀什麼資料呢？學期初時，學校都會發關於週三才藝活動一覽表，表單上面清楚記載社團的班別和日期，閱讀補充資料就成為寫作的鷹架，從中舉中正國小的社團為例。

第一段	說明什麼是社團活動（以問答方式下定義）
第二段	如何安排社團活動
第三段	社團活動的類別（分類、舉例）
第四段	以中正國小為例，共開了幾個社團（數據）
第五段	參加社團活動的好處

　　之前我們談及「跨課教」的概念（參考第11計：從課本學寫作），兩課要有共同點時，跨課教學才有意義。

　　康軒舊綱五下第六課〈看戲〉（記敘文）與第七課〈舞動美麗人生〉（說明文），我讓學生操作「自然段合併意義段」，從中發現兩課的架構都是採取「總說、分說、總說」，而且分說的部分皆運用詳寫和略寫的技巧，讓說明文的分說舉例有層次。

　　這兩課的寫作練習，就是將兩課的文體互換，學生寫〈演藝精彩人生〉就是寫一篇介紹戲劇的說明文，而〈我的舞蹈家族〉就是寫一篇家人所喜歡的舞蹈類型及感受。兩課的取材可以相互挪用，不但練習了說明文架構，也讓學生更加了解跳舞和戲劇等主題。

	看戲	舞動美麗人生
課文架構	總說 分說 總結	
文體	記敘文	說明文
內容	全家都愛看戲，作者自己也不例外，而且「人生如戲，戲如人生」，我們在演自己的戲。	介紹舞蹈的種類、功能、欣賞等。
		遷移寫法 內容對調
寫作	我的舞蹈家族	演藝精彩人生

　　另外，KWLQ表格適合運用於說明文的閱讀，K要針對主題寫出自己已經知道的知識，W要寫出自己想要的知識，L要寫出上完課後學到的知識，Q要寫出想問的問題及後續探究。

　　有序的指引學生閱讀說明文，一環扣著一環，後續更發揮自主學習的功用，讓學生解決自己所提出的問題，針對相關的主題獲得更多的知識。

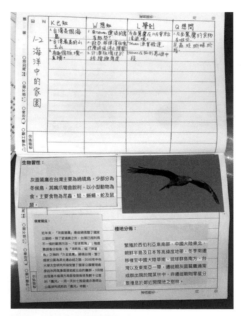

運用KWLQ表格閱讀說明文

正 想 對 你 說

　　說明文強調用字精準嚴謹，寫說明文前，學生一定要有資料可以參考，老師可以帶著學生到圖書館查詢相關書籍，或至電腦教室上網查找資料，另一種方法是影印相關資料給學生參考。

　　說明文要傳遞的是「正確」的知識，要確保學生在網路上查到的資料正確無誤，才能寫進說明文裡，老師可以預告主題，讓學生有充裕時間查找寫作所需的參考媒材。

　　對了！社會課本基本上也是說明文的閱讀，教會孩子閱讀說明文的技巧更要遷移至社會課運用啊！

\\\ 童詩、童心、童趣 ///

夜的詩人

　　詩是文學中一個重要的寶藏，有人把它稱為文學中的文學，文學皇冠上的明珠。童詩滿足學生想像力，在詩的世界裡，所有的天馬行空與古怪離奇都是允許的。學生在中年級以前，從課本裡讀到許多童詩，文字雖不多，意味卻深長，老師可以帶著學生感受字裡行間之趣。

 正會這麼做

第一招：愛問問題

　　在寫童詩時，可以運用設問句來增加懸宕的氣氛，吸引讀者的注意力，也可以透過自問自答、適當的分行來形成節奏感。老師可以先問一個有趣的問題讓學生發想，就能寫出一首好玩的童詩，問的問題越誇張有趣，越能凸顯童詩中的想像力。

第二招：句式重複

　　詩的篇幅小，反而需要字斟句酌，要求用字精準，避免相同的字句反覆出現。但若想要出現重覆的句式，作者刻意以類疊或排比出現時，必然有其用意，形成更有韻味、更朗朗上口的童詩。

願／小 J

我願是滿江的波浪
只為一次無悔的沉潛
我願是花海
奉獻一個春天的氣息
我願是十萬滴雨水
飄入唯一的湖泊
我願是那蝶
為你，再一次展翅
如果你是文字
我願是包覆你的書背
如果你翻開了圖書
我願是緩緩移動的書頁
如果你閱讀
我願是那字
準備了端正
隨你去到學海
當你放棄了
我願是雙手
是鼓勵的樂器
有勇氣的陪伴

供你起勁
勁中有夢
我就是你懷抱的夢想
我願是陽光
讓你暖和
雖然陽光普照
我仍願是你清新的大地
與你共享自然的芳香
你是樹
我是陪伴你的鳥兒
你是花
我是吹動你的風兒
當你翱翔空中
我願是伴隨你的彩雲
你成光，我變成影
如果啊！如果──
如果你對晚霞還有思念
我就又再許一願
與你享受微風的滋味

第三招：活用句型

在國語課本中，每一課都會有一至二個句型，在句型教學中，我們先進行句子的閱讀理解，接著創設情境讓學生運用句型來寫句子，或是寫成一首詩。

以母親節為例，老師們會讓孩子做母親節卡片，此時可以讓學生在卡片裡寫句型詩。

母親節的句型詩（轉折）

我**雖然**很常考試考不好，
但是媽媽總是替我加油。

我**雖然**很常無故發脾氣，
但是媽媽總是細心教導。

我**雖然**很常玩具沒收好，
但是媽媽總是耐心教我。

她是我的媽媽，我最敬愛的媽媽，
媽媽我愛您。

我讓學生運用當次考試範圍遇到的句型來寫一首關於母親的詩。寫完後，可以讓孩子回家朗讀詩歌給媽媽聽，或是錄下影片當作紀念，都會是溫馨又實際的作法。這樣一來，不僅練習了課內的句型，也完成了一首可愛小詩，一舉二得。

建議引導學生盡量選擇不一樣的句型來練習，避免集中在比較簡單的句型，這樣在班級內的母親節句型詩才會多元。

句型詩（承接）

洗澡／蔡秉澤

我發現星空每天洗澡
首先，他拿起水瓶座
倒出裡面的流星
接著，請雙子座用北斗七星
幫他刷刷背
然後他拿起一個黑洞
把星星吸一吸
最後，拿起銀河擦擦背
啊——
怎麼還是一樣髒

上面這首具有童趣的詩就是依照承接句型所寫出來，把星星洗澡的過程有序的呈現，相當具有畫面。

第四招：善用動詞

〈大雨〉　　　蘇軾

黑雲翻墨未遮山，白雲跳珠亂入船。

捲地風來急吹散，望湖樓下水如天。

蘇軾用「翻、跳、捲」三個動詞描述大雨驟降的場景，寫得活靈活現。有時候，一個動詞就會把一首詩寫活了，變得很有畫面。不僅古詩如此，在童詩中，也有這樣的效果，日本俳句也是。我找到一首有趣的俳句，挖空其中一個動詞，讓學生推敲字詞，該填上哪個動詞。

公雞高啼一聲

它（　　　　　　　　　）了整個

春天的原野

每個小組有三次的機會可以填上適合的動詞，並簡單說明填入這個動詞的理由。第一輪時共出現了三個詞，分別是喚醒、迴盪和甦醒等詞。第二輪出現了震動、驚醒、震撼、吵醒、照亮、叫醒等詞，其中照亮一詞的說法，讓我眼睛一亮，小朋友說：「公雞叫醒大家，太陽出來了，所以照亮了整個原野。」

到了第三輪，我提示動詞有「下」這個字，於是大家又開始想出新的動詞，這次出現撒下、搶下、吞下、留下、奪下和畫下，其中的「吞下」一詞與原作相同。但我自己也喜歡奪下這個答案，有君臨天下之感。

其他創意童詩

名詞詩：請小朋友思考在某個地點，會看到哪些東西，把這些東西全部寫出來，就變成了一首詩。如：大賣場裡的所有零食、文具店裡的所有文具、百貨公司裡的所有商品。

顏色詩：紅色，你會想到什麼呢？是傷口流出的血，或是高掛在門口的燈籠？或是情人手上的玫瑰花？將同一顏色所聯想到的事物寫在一起，就可以成為一首顏色詩。

圖像詩：詩除了要有適切的分行之外，還可以呈現圖像，同時傳達文字和圖像的意涵。（仿寫自林世仁《文字森林海》）

數字詩：用數字序列的邏輯概念，從一加到十，把冬天夜晚裡的景物寫進詩裡。（仿寫自林世仁《文字森林海》）

字謎詩：將生字設計一個謎語，再適切分行即可成詩。

提袋詩：請學生先用紙張折成一個提袋，並將詩寫在上面，把任何的想像裝進提袋裡。

正 想 對 你 說

　　當老師保有一顆童趣之心來看待學生創作的詩，會讓教童詩是一件很療癒的事。在童言童語中，找回無盡的想像與感受，和孩子一起在詩的世界無止盡的翱翔 ，也讓教學更加活絡。童詩因為文字簡單，學生讀起來輕鬆有趣，寫作的門檻也不高，大家一起來寫詩，捕捉生命的美麗瞬間吧！

＼結合情境的應用文教學法／

我最實用

只要是應用在日常生活中，帶有特定目的的文類，就可以稱為應用文，亦稱為實用文。在108課綱中，國小就會接觸到應用文。以下是國小階段學生該會的應用文，包括格式、寫作方法及慣用語彙等。

學習階段	應用文的類別
第一學習階段	自我介紹、日記、書信、卡片
第二學習階段	日記、海報、書信、卡片、便條、啟事、心得報告
第三學習階段	說明書、廣告、標語、告示、公約、通知、電子郵件、簡報、讀書報告、演講稿

應用文教學依舊從課內出發，可以練習寫法，並巧妙轉化情境來連結寫作，讓學生在不同的情境中使用應用文寫作。

 正會這麼做

一、自我介紹

　　中年級的小朋友得學習自我介紹，至少要能說出完整的一段話，讓聽眾認識自己。有些版本的教材設定，會在三年級放上連結「自我介紹」的課文，我在備課分析文本後，發現南一版三上第一課〈你好！新朋友〉就很適合如此操作。（可參考第7計，結合班級經營活動）

　　課文前面的助學系統揭示學生閱讀任務（太陽、小雲雀、風以及小豆子如何介紹自己），引領孩子帶著任務邊閱讀邊思考。課文中的四個角色，從不同面向來介紹自己（特別之處、專長、興趣、運動類型），課文的架構可以過渡至學生的自我介紹。

　　因為是三上第一課，可以讓學生以填空方式搭上讀寫鷹架，我以九宮格的方式來進行，左上為第一格，中左為最後一格，有序的寫出自我介紹的填空。

1.名字	2.特別之處	3.專長
8.姓名字謎	**自我介紹**	4.興趣
7.期待	6.喜歡的運動	5.個性

　　這個作業可以分成好幾天完成，壓力才不會太大，當大家都完成後，老師可以選擇適切時間讓同學上臺發表。

　　要提醒一件事：填空是搭鷹架的一種方式，但不是唯一方式，老師搭了鷹架後，要記得拆掉鷹架，避免原有的學習鷹架成為了學習框架。

各位老師和朋友們，大家好！我叫（林用正），大家可以叫我阿正老師。	有人說，我是（太陽），因為（我有一顆熱情的心），可以融化你手上的冰淇淋。	也有人說，我是（小雲雀），因為（我有一副好歌喉），時常唱歌給朋友聽。
最後考你一個小謎語：（兩棵樹），猜我的名字其中一個字！請搶答！	**我的 自我介紹**	還有人說，我是（風），因為（我經常四處旅行），最喜歡南部的墾丁。
我希望可以（和大家成為好朋友），讓笑聲充滿整間教室。	我喜歡的運動是（羽球），在球場飛奔很快樂，是我最快樂的時光。	我的個性相當（開朗），總是逗得大家哈哈大笑。

二、書信

　　當孩子練習寫書信時，一定要把格式寫正確，我們可以將書信格式形象化，賦予個性及特徵後記住他的樣子，書信的格式就不容易忘記。

阿信先生的小檔案

1.名字：阿信

2.出生年月日：不詳

3.興趣：與人打招呼、喝啤酒、綁鞋帶

4.特徵：有禮貌的阿信，遇見人都會很熱情的打招呼，偶爾會和一群朋友一起喝啤酒聊天，時間一久，肚子就越來越大，但他總喜歡說：「阿信肚內能撐船！」每次一喝啤酒，就會打開話匣子說了好多好多。他最喜歡穿的鞋子款式是布鞋，因為鞋子有個蝴蝶結很漂亮。他怕自己偶爾喝醉酒，鞋帶又掉了，踩到自己鞋帶會跌一大跤，所以他都會注意自己的是否有綁好鞋帶，這就是阿信先生，天性樂觀又開朗，偶爾愛喝個小酒，就像是我的爸爸。

183

　　學生從阿信先生的小檔案來認識書信格式後，就可以進入到連結課文之寫作，「寫給○○○的一封信」即是最常使用的方法，可以透過寫書信來檢核學生對於課文的熟悉程度，同時也練習書信的結構。而課文中遇到書信類的文章，最簡單的讀寫結合就是「回信」。

三、日記

　　寫日記可以訓練學生的觀察力，讓自己心中有更多的感受，思考更加敏銳。日記可以分成兩個部分，包括日期（可加上天氣和心情符號）和正文（要記錄的生活片段）。要如何寫好一篇日記呢？可以提醒孩子以下要點：

1. 只要記錄一件事情就好，而且要用心觀察，記錄一天最酸、最甜、最苦、最辣的一件事，才不會讓日記變成流水帳。

2. 順敘記錄和流水帳有很大的差別，流水帳會寫上每天都在做的事情，但是順敘法會在這之上，補上一件特別的事，如，早上刷牙時發現自己牙齦腫起來了、下課在籃球場打球時投進了三分球……。

3. 可以直接從心情破題，如，我今天的心情很鬱悶，因為……。

　　（可參考第1計的心情日記閱讀）

四、採訪稿

出現採訪稿的課文不多，只有康軒五下〈故宮尋寶記〉、翰林六上〈孫翠鳳和歌仔戲〉。遇到採訪稿時可以讓學生妥善練習，但若沒有讀到相關的課文，也可以巧妙以「改寫」的方式來進行，轉換成「採訪課文主角」的寫作練習。

在翰林舊綱三下〈發現微生物的人〉介紹了雷文霍克的故事，我請學生試著創意思考：

如果你是一位談話節目主持人，雷文霍克則是大來賓，你會問他哪些問題？雷文霍克又會怎麼回答呢？

身為一個好的訪談性主持人，一定要先做功課，避免對於受訪者根本不了解，那就會變成搞笑節目，所以讀完受訪者的資料，自己要想想怎麼問來賓問題，學會問好問題就是一個重點。

於是我請學生練習從文章中想出好問題，才能扮演好主持人角色。學生一共要訪問四題，三題的題目由老師提出，一題由學生進行，一問一答間，以讀寫方式讓學生更加熟悉雷文霍克。

五、新聞報導

新聞報導也是比較少在課本中看到的應用文。康軒舊綱五下〈不一樣的狗醫生〉以新聞報導方式，簡介臺灣狗醫生協會及其功用與貢獻。我們可以先介紹新聞報導的格式：

標題：讀者看完標題就要能掌握新聞主要訊息，且要吸睛。

導言：新聞中的第一段，寫出新聞中最重要的事實，可以5W1H來分析。

正文：可依時間順序、重要性遞減次序或因果順序來書寫正文，將事件說清楚講明白，強化有步驟的呈現訊息。

結論：寫出活動的目的、收穫或感思。

此外，新聞報導的文字也有其特色，可以帶著學生以課文為例子來檢視：

1. 載明報導者：記者邱美婉綜合報導

2. 呈現具體數據：臺灣目前有一百多隻授證的狗醫生

3. 使用自問自答法：什麼樣的狗適合當狗醫生？

4. 以客觀的角度報導：傳遞事實

5. 轉述他人話語：協會訓練師鄧惠津指出……

老師可以從國語日報中找到更多新聞剪報讓學生閱讀，在大量閱讀中形成概念。

正想對你說

　　應用文在課文中比較少見，所以當課內遇到應用文時，老師一定要能掌握其形式，結合校園情境讓學生練習寫作，有一舉二得之效。

第24計 ＼精益求精，文不厭改／

自己的文章自己救

　　上一本出版的書籍《小學教室的日常力》中的自序，我在截稿前一個月就寫完，放著放著，讓出書的喜悅冷卻一下，直至截稿前三天，我又打開久違的稿件閱讀，邊讀邊懷疑自己：我當時怎麼會這樣寫？

　　也許大家都有這樣的經驗，自己寫的文章過了一陣子再讀，會有不一樣的思考及感受，此時正是修改文章的大好時機。可見，好文章是修改出來的，歷史上的文人雅士也是如此修改自己詩作。唐朝詩人賈島流傳至今的〈題李凝幽居〉，其中一句「僧敲月下門」中的「敲」字，正是反覆吟詠與參酌韓愈的看法而來。

　　修改文章可以遵循80/20法則，一篇作文中80％由學生進行修改，20％由老師批閱，學生在不斷練習的進程中，養成自己修改文章的習慣，從「訂正與鑑賞」的雙角度讓自己的文章越來越好。

 正會這麼做

我們先比較「修改作文」在新舊課綱中的差異：

九年一貫	108課綱
6-1-5-1 能指出作品中有明顯錯誤的句子。 6-2-8-1 能從內容、詞句、標點方面，修改自己的作品。 6-3-5-1 能經由共同討論作品的優缺點，以及刊物編輯等方式，主動交換寫作的經驗。	6-Ⅰ-5 修改文句的錯誤。 6-Ⅱ-7 找出作品的錯誤，並加以修改。 6-Ⅲ-7 修改、潤飾作品內容。

新舊課綱都提及修改作文，舊課綱細緻的提出從「內容、詞句、標點」三方面來修改，新課綱則進一步提出「潤飾」的概念，除了要會修改，還要能改得好，經過潤飾的詞句如錦上添花，更具文采。

我們從最基本的修改句子開始。低年級要奠定寫正確句子的基礎，出發方向對了，就成功了一半，先看底下四個句子為例。

學生的句子	修正後的句子	正確句子的檢核重點
先去交聯絡簿，再去做打掃工作。	我先去交聯絡簿，再去做打掃工作。	一個句子就是一個人，句子要有頭和身體。
明天我們要去校外教學我的內心相當期待。	明天，我們要去校外教學，我的內心相當期待。	句子要使用正確的標點符號。
小雞、公羊和貓咪都不敢相信發生這樣的事，他們來到小豬媽媽的家，好奇的跟著小鴨。	小雞、公羊和貓咪都不敢相信發生這樣的事，他們好奇的跟著小鴨，來到小豬媽媽的家。	句子的意思要表達清楚。
教務處廣播請數個六年級班級的糾察隊到中走廊集合。	教務處廣播請六年級數個班級的糾察隊到中走廊集合。	句子的順序要正確。

　　從上表可得知正確句子的四個檢核重點，老師除了引導學生寫出正確的句子外，學生也同步進行「句子醫生」檢核，檢視句子是否有誤並進行修改。老師可以將學生的病句整理成學習單，讓學生訂正病句。

　　中、高年級的學生要練習修改自己的作文（自評）之外，我還透過同儕互相修改（互評）的機制，讓學生的作文有更多的讀者。我將作文要修正之處分成兩個項目：分別是一般項目和特殊項目，前者為寫作的基本要求，後者為因應每次寫作的特殊要求，藉以檢核學生是否有達到寫作要求。

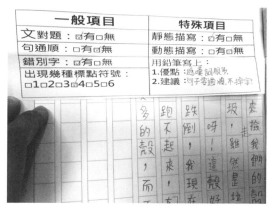

透過自評與互評機制修改作文

　　我將修改作文的步驟劃分為：朗讀作文、偵錯畫記、修改點評、示範批閱、教師批改和教師總評。前三個步驟一共進行三個循環，先自己修，再兩人交換修，然後小組共讀，最後才是示範批閱、老師批改和教師總評。

朗讀作文 ➡ 偵錯畫記 ➡ 修改點評 ➡ 示範批閱 ➡ 教師批改 ➡ 教師總評

一、朗讀作文

　　修改文章前先透過朗讀來進行放聲思考，進而理解文章，並邊讀邊思考，句子是否通順，或是句子的順序是否正確。

二、偵錯畫記

將不通順，或是讀不懂的句子標示出來。若為原稿，可用鉛筆；若為影本，可用色筆。全班要建立批改的小默契，如在句子旁畫問號，代表讀者有疑問；在句子旁畫愛心，代表讀者喜歡這段文字。建立起批改的小默契，讓批改文章更有效率。

三、修改點評

修正作文時，學生可以先檢核一般項目（錯別字、標點符號、文是否對題……），接著閱覽通篇文章是否達到特殊的寫作要求，如，有進行靜態描寫嗎？有進行動態描寫嗎？透過勾選檢核的方式來進行，若修改的作文未達到寫作要求，可以口頭給予建議，或是寫在便利貼上。最後的綜合點評則給同學一個優點和一個建議。

四、示範批閱

老師可以請同學上臺分享自己修改的經驗，當作示範性批閱。

五、教師批改

教師主要針對特殊寫作要求來批改，不大幅度修正學生的文章。

六、教師總評

　　教師綜合評論這次作文練習中，學生進步最多的地方，並提出一個最急需改善之處，進行再教學。這其實是動態評量的概念，讓「測驗──教學──再測驗」的概念導入作文教學，進行「寫作──教學──再寫作」的環節，希望這次未能改善的問題，透過總評及教學後，在下一次寫作中不再犯相同的錯誤。

　　此外，在國中會考的寫作測驗評分規準中，看見批改作文的大方向，以下簡錄六級分作文的特徵：

- 立意取材：能從題目或寫作任務中適切統整、運用材料，並能進一步闡述說明以凸顯主旨。
- 組織結構：文章結構完整，脈絡分明，內容前後連貫。
- 遣詞造句：能夠精確使用詞語，並有效運用各種句型使文句流暢。
- 錯別字、格式與標點符號：幾乎沒有錯別字及格式、標點符號運用上的錯誤。

正 想 對 你 說

養成學生修改自己的作文是必要的能力，如同訂正作業是必要的程序，學生能知道自己哪個部分可以更好。一個學期抽查四到六篇作文，將修改文章的環節帶入，會讓寫作教學更加完整。

單元四

讀寫的量

月日 值日生…

點點累積

「教」的改變，「學」的翻轉，
群文閱讀突破學習框架，從課內延伸至課外，
展現不同的閱讀風景。

第**25**計 ＼ 從課內至課外的閱讀實踐 ／

群文閱讀的 有機組合

　　108課綱強調情境化與脈絡化的學習，情境如何來？可以透過文字來形塑，而多元文本能夠塑造複雜、促進思考的情境。

　　多文本或群文的概念非新課綱的產物，「群文」一詞最早是由臺灣小語會理事長趙鏡中教授，在2008年一場主題演講中提出的概念。我在2017年參加麗雲老師在彰化的講座，第一次聽到這樣的閱讀方式而感到大為新奇，於是開始在自己的課堂中慢慢實踐、修正、再實踐，從動態歷程中逐漸有了心得。

1.是什麼？ 在較短時間內，針對相同議題，進行多文本的閱讀教學。	2.為什麼要做？ 質與量的同步提升	3.怎麼做？ (1) 課內到課外 (2) 單元統整 (3) 單元重整 (4) 課外多篇
8.十二字群文箴言 (1) 想法：先減後加 (2) 作法：舉一反三 (3) 方法：讀懂讀多	群文閱讀	4.特殊閱讀方式 (1) 略讀 (2) 跳讀 (3) 瀏覽 (4) 尋讀 (5) 默讀
7.主要核心能力 (1) 比較與整合 (2) 辨識與提取 (3) 應用與拓展 (4) 評價與反思	6.從閱讀到寫作 (1) 讀出層次 (2) 寫出理解 ※單元文章內的趨同辨異	5.高層次閱讀策略 (1) 找相同 (2) 找不同 (3) 做整合 (4) 做判斷

 正會這麼做

　　首先，我們先釐清群文閱讀與其他閱讀方式的差別。群文閱讀、主題閱讀、比較閱讀、延伸閱讀都圍繞在多文本閱讀的大架構之下，這之間有什麼差異呢？

閱讀方式比較	二者差異
群文閱讀vs主題閱讀	群文閱讀的選文同質、異質皆有；主題閱讀選文以同質為主
群文閱讀vs比較閱讀	群文閱讀可以趨同，也可以辨異，更可以進行整合與判斷；比較閱讀注重趨同及辨異
群文閱讀vs延伸閱讀	群文閱讀選文可以自課文延伸，也可以全部選文都是課外文章；延伸閱讀著重於延伸自課內文章

其次，是解決如何找文章來補充的問題。我最常運用的資源是其他版本的課文，若是教康軒版課文，我會去找翰林版或南一版相近的文章來操作，課本教「寫景」時，就找其他版本也是「寫景」的課文一起閱讀，試著從中找出不一樣的寫法，例如：

議題	康軒	翰林	南一
遊記	參觀安平古堡（三上） 大自然的美術館（三下） 油桐花・五月雪（三下）	阿塱壹古道（三上） 看海豚跳舞（三上） 客家擂茶（三上）	三峽老街樂藍染（三下） 和魚一起游泳（三下）

另外，國語日報亦是文章補充的好素材，其內容五花八門，主題性也充足，重點是報紙天天出刊。以國語日報國際版為例，學生可以統整成一週大事，若是結合課內與國際教育相關的課文閱讀，能打開學生的視野。又如國語日報中的「方向」專欄，收錄許多社會時事的文章，簡單的道理用故事來鋪陳，很值得讓學生閱讀。學習扶助資源平臺上也

有一至九年級的補充教材文本，老師可以從中尋找補充文章。

　　接著，來思考時間的問題。進行群文閱讀課程的前一天，我會提前發給學生文章當作回家作業，讓課程能夠早點進入討論的環節。而討論習慣的建立，不只在群文閱讀課，其他課也要一直保有討論的習慣，讓班級在小組討論時能有一定的默契。

　　每個課例在實行後，學生對於故事類文章很有興趣，我會彈性調整時間，讓他們有更多時間浸潤於故事中來討論，根據學生興趣來調整時間長短。

克服時間問題

1.事先預習
注意：部分議題不適合事先預習

2.討論習慣
注意：每堂課都要能討論

3.時間彈性
注意：考量學生情形，增刪時間

　　最後，我們來了解群文閱讀的閱讀方式。既然要在短短的一至二節課內閱讀兩篇以上的文章，勢必無法精讀，故採取特殊閱讀方式。

1.**略讀**：略讀是快速收集重要資訊的一種閱讀技巧，是為了快速獲取訊息。

2.**尋讀**：尋讀是尋找特定資訊的一種閱讀技巧，帶著任務閱讀，如，讀火車時刻表、翻書考試。

3.**跳讀**：跳讀得省略較不重要訊息來提高閱讀速度，找出最重要的句子。

4.**默讀**：因為省略了發音的動作，所以速度快，同時注意不指讀也不動口，還要邊讀邊思考。在默讀時可以畫小符號幫助或使用關鍵字下註解。

5.**瀏覽**：也稱為「泛讀」，有些書只需要知道個大概內容即可，快速翻閱書籍。又如導讀書籍時，可以瀏覽書籍目次，找到有興趣的章節閱讀。

正 想 對 你 說

　　「不積跬步，無以至千里；不積小流，無以成江海。」閱讀量的累積從課內出發，會顯得有效率。在二十一世紀，閱讀力就是我們的超能力。群文閱讀透過課內課文詳讀，到課外多篇文章略讀，以「舉一反三」的方式增進閱讀速率，並強化課堂上的略讀、速讀、尋讀的閱讀策略。在教室裡進行群文閱讀，首重教師組織文章的能力，若從不同角度切入解讀文章，將會發現文章不同層次的意涵。

　　在增加閱讀量之餘，當老師延伸了多篇文章進行討論時，還可以引導孩子從多篇文章所構築的複雜情境，去探索和發現。此外，群文閱讀的多文本方式，相當適合過渡至寫作，將閱讀的內容，轉化為寫作的媒材。

第**26**計 ＼ 低年級群文閱讀課例 ／

啟發多元觀點

　　群文閱讀除了可以從課文延伸至課外文本，也可以選用全部都是課外的文章，擴大孩子的閱讀視野。

　　書店裡的繪本區，會將同主題的書擺在一起，如「歡迎光臨動物繪本村主題」，架上所展示的書籍都與「動物」有關，其中《那裡有狼》、《大野狼才要小心》、《大惡狼和小豬村》、《三隻小豬和大壞狼》，這四本繪本裡的動物都有「狼」，而且與大家對於狼的刻板印象──凶狠、狡猾不同，顛覆學生原本的想法，因而有了不一樣的思考刺激，對於事物的想像更加全面。

　　我擔任訓導組長時，在開學的第一個月都會辦理「友善校園週」的活動，其中與教務組長一起辦的「友情」主題書展，讓學生看到許多友情小故事，孩子在生活中難免會有爭執、誤解，都可以用不一樣的角度讀出繪本的價值。

 **正會這麼做**

一、群文議題：今天，我想要來點不一樣的湯

　　營養午餐若是喝玉米濃湯，學生往往會喝光光，如果午餐菜單出現石頭湯，孩子會不會大吃一驚呢？我從《南瓜湯》、《生氣湯》、《勇敢湯》、《石頭湯》等四本書來進行比較閱讀，每一本與「湯」有關的繪本，都帶出了不一樣的哲學思考。

　　這四本繪本的導讀前，我發下了閱讀紀錄表，讓學生一邊聽我說繪本故事，一邊記錄下重點，訓練邊讀邊想的能力。孩子所要回答的問題貫穿四本繪本，包括主角是誰、煮什麼湯、準備什麼食材、為什麼要煮湯，以及有什麼成效。

石頭湯　　生氣湯

南瓜湯　　　　　　　　　　勇敢湯

　　讓學生將繪本訊息整理至表格，不但可以簡化訊息，也讓要比較的重點一目了然，而將複雜訊息簡化至表格乃是重要的讀書方法，一定要教給孩子。

	主角	煮什麼湯	準備什麼食材	為什麼要煮湯	有什麼成效
《石頭湯》	士兵和村民	石頭湯			
《南瓜湯》	貓、鴨子和松鼠	南瓜湯			
《生氣湯》	霍斯、媽媽	生氣湯			
《勇敢湯》	哈林	勇敢湯			

　　連結寫作的部分，我問學生：「如果是你，你想要煮什麼湯？」我將便利貼剪成碗的形狀，讓學生寫下想要煮什麼湯以及理由，並舉辦湯品發表會，讓學生分享自己的內容。

　　學生天馬行空、五花八門的分享讓大家笑哈哈，有的學生要煮閱讀湯，只要喝下閱讀湯就會變成閱讀高手；有的學生要煮答對湯，只要喝下答對湯就能答對任何問題；有的學生要煮請假湯，只要媽媽喝下請假湯就會幫你請假，讓你不用去上學。

　　從學生的分享中，我發現大家發表的內容，都偏向煮有神奇魔力的湯，於是就讓大家再繼續發想來寫一首詩，透過寫詩來整合學生的創意，詩名是〈神奇的湯〉。

從群文（繪本）到寫作（詩）一共進行了兩節課，讓學生閱讀了四本繪本，又創作了一首詩，這些多元繪本聚焦在「湯」的主題上，卻又展現了不同的價值，帶著學生認識合作、感受情緒、學習禮讓。

＊延伸閱讀書單：《老鼠湯》、《麒麟湯》、《打氣粥》

二、群文議題：可以說謊嗎？

繪本很適合和孩子討論很多議題，輕鬆的圖文貼近學生的經驗。透過群書的閱讀可以構築較為複雜的情境來促進思考。

說謊，是班級經營中常見的問題，而且聽到孩子說謊的理由千奇百怪，心裡想著：「我這次說謊，只要不被發現就不會怎麼樣。」我試著透過與說謊有關的三本繪本來和低年級學生聊聊。

繪本	出版社	內容
《沒有條紋的斑馬》	福地出版	有一隻愛說謊的小斑馬……
《和大象一樣重的謊言》	大穎文化	盧卡斯因為害怕而說謊了，他誣賴了妹妹……
《用愛心說實話》	和英	莉莉說實話之後，得罪了很多好朋友，到底要怎麼說實話才好呢？

我先呈現《沒有條紋的斑馬》和《和大象一樣重的謊言》這兩本繪本，希望讓學生了解說謊是不好的行為以及會有什麼後果、如何解決說謊後面臨的問題及心理負擔。「不說謊」的觀念其實平時老師都有耳提面命，所以學生對於繪本內容可以輕鬆掌握。

運用雙氣泡圖比較故事之間的差異

再透過雙氣泡圖來進行繪本間的比較。這兩本繪本在主題上相當接近，主角在說謊後都面臨了不同程度的懲罰，前者因為太常說謊，導致自己受傷了也沒有人願意幫忙，因為大家都認為他是「放羊的小孩」；後者則以具體的大象形象來呈現說謊後龐大的心理壓力。

接著，我問大家：「繪本中的主角教我們不要說謊，說謊是不好的，所以我們該怎麼做呢？」許多同學異口同聲說：「要說實話。」

我追著問：「謊話和實話有什麼不一樣？」

「不可以騙人。」

「可是，老師接下來要介紹給你們閱讀的繪本，主角因為說實話而被同學討厭，你們猜猜看是什麼原因？」

小朋友在七嘴八舌後，鐘聲就響了，因為剛剛的問題，也引起了孩子閱讀《用愛心說實話》的興趣與動機。

一週後，我又入班和他們聚焦討論主角為何說了實話還是被討厭，最後才慢慢引導出結論：不可以說謊，而且說實話時要考慮別人的心情。

這次的繪本教學以「2＋1」的形式進行，從繪本建構的複雜情境中提煉出更多元觀點，讓學生的想法更加靈活有彈性。

繪本建構的情境容易啟發孩子思考

正想對你說

　　低年級進行群文閱讀時，文本數量不用多，重點在於讓學生從文本中看見更多的可能，如，課內讀到曹沖的故事，老師可以補充司馬光及方仲永的故事，看見這些神童不同的成長經歷；課內讀到有關父親的童詩，老師可以補充安東尼布朗《我爸爸》的繪本，看見爸爸的不同形象；課內讀到春天的童詩，老師可以補充夏天、秋天和冬天的詩，看見四季的遞嬗變化。

中年級群文閱讀課例

故事中的對比

群文閱讀的文本組成方式共有四種：

1＋X：從課內一篇課文帶出課外多篇文章。

　　　（狐假虎威＋南轅北轍、鷸蚌相爭）

X＋1：從課外多篇文章帶出課內一篇課文。

　　　（草船借箭、完璧歸趙＋空城計）

X＋Y：課外多篇帶出多篇文章。

　　　（勇敢湯、南瓜湯＋生氣湯、石頭湯）

1＋X＋Y：課內一篇課文帶出課外兩組文章。

　　　（狐狸的故事＋狐狸孵蛋、狐狸的報恩〔正面〕＋狐

　　　狸分奶酪、狐假虎威〔負面〕）

　　我自己最常運用的是1＋X和X＋1延伸文本的方式，前者是演繹法；後者是歸納法，各有巧妙。學生在文本比較中促進思考，在批判

思考中形成觀點。

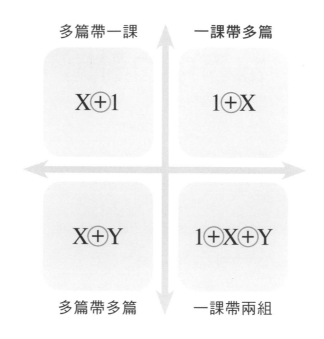

 正會這麼做

一、說在前頭

　　對比是故事中常見的手法，主角間的形象呈現，可以是一富一窮，可以是一聰明一愚笨，可以是一創新一守舊，在對比的手法中，讓我們體會更鮮明的人物形象。若能運用1＋X的群文閱讀方式，可以讓孩子一次體會故事中的對比寫作手法，有的凸顯語言，有的凸顯動

作，有的凸顯外貌，有的語言和動作結合，不管哪種方式，都讓我們從故事中獲得啟發，這就是故事的迷人魅力。以下共有四則故事，可以先思考這四則故事之間的共同點：

故事1：神筆馬良

故事2：賣油翁與神射手

故事3：兩兄弟

故事4：心動不如行動

二、文本分析

孩子們都喜歡聽故事，因為故事可以滿足想像力，還可以從中獲得啟發，引發思考。我們也常常用小故事來說大道理，讓孩子在潛移默化中了解我們要傳達的訊息。

檢視課本收錄的故事會發現：利用人物間的「對比」，可以讓人物形象更加鮮明。這樣的主題很適合直接做群文閱讀或主題閱讀，讓孩子運用多文本對同一個主題進行探索性及統整性的學習。

群文閱讀是量與質的雙向提升，不僅讀懂故事的對比，還將該閱讀方式遷移至其他文本進行驗證，甚至在多文本中，進行「找相同、找不同、做整合、做判斷」的學習，讓孩子在探索中發現故事寫作的神奇密碼——對比。

以下簡單分析四篇文章，讓大家可以快速掌握故事：

群文閱讀形式	文章選擇	故事主旨	人物對比
1	神筆馬良	做人要心存善念，並盡自己的能力助人。	馬良：善良 皇帝：貪心
X	賣油翁與神射手	任何技巧只要勤學苦練就能精熟，所以別驕傲。	賣油翁：樸實 神射手：自大
X	兩兄弟	不同的選擇有不同的後果，不要後悔。	哥哥：保守 弟弟：勇敢
X	心動不如行動	訂定目標，努力實踐，才能心想事成。	富和尚：消極 窮和尚：積極

從上面的表格可以清楚看出故事中人物的明顯對比，這些對比讓孩子可以清楚知道主角性格或外貌間的差異。

三、教學流程

（一）課前暖身

1.反義詞快問快答：

老師說：「好人。」小朋友就要回答：「壞人。」

老師說：「冷淡。」小朋友就要回答：「熱情。」

老師說：「快。」小朋友就要回答：「慢。」

2.提問：在我們所熟悉的故事中，有個故事的兩個主角在比賽跑步，後來比賽的結果出乎意料，有誰知道是哪個故事呢？（龜兔賽跑）

3.提問：如果把兩隻都跑得很快或很慢的動物放在一起比賽，這個故事還會這麼精彩嗎？

4.帶入主題：這節課就是要學習故事中的「對比」。

（二）聚焦課內

1.請學生先讀第一篇文章〈神筆馬良〉

2.帶著任務閱讀：文章第一段就提到「從前，有個心地善良，又很會畫畫的小孩，名叫馬良。」請小朋友從文章中找證據，來證明馬良很善良。又第三段提到「貪心的皇帝知道了，派人把馬良找去，要馬良幫他畫金山銀山。」請小朋友從文章中找證據，來證明皇帝很貪心。

3.請小朋友想一想：人物描寫的文章中，可以透過「言語、外貌、神態、行為」來凸顯人物形象，這一篇文章是用哪個方式來凸顯？（透過對行為的對比，貪心的皇帝和善良的馬良的對比形象就躍然紙上。）

（三）群文對比

1.讓我們再走進更多有趣的故事中，找出更多的對比，感受故事帶給我們的啟發。

2.請讀〈賣油翁與神射手〉、〈兩兄弟〉、〈心動不如行動〉，想想三個故事是用哪個方式來形成對比，並完成以下的表格。（未完成無妨，表格只是學生進行小組討論時的依據。）

故事	賣油翁與神射手		兩兄弟		心動不如行動	
人物	賣油翁	神射手	哥哥	弟弟	富和尚	窮和尚
特點	樸實	自大	保守	勇敢	消極	積極
結果	漲紅了臉	不慌不忙	日子平順	擁有回憶	慚愧	取回佛經
啟發	任何技巧只要勤學苦練就能精熟，所以別驕傲。		不同的選擇有不同的後果，不要後悔。		訂定目標，努力實踐，才能心想事成。	
描寫方式	言語、行為		言語		言語、行為	

3.小組討論：說說看哪個故事的對比最明顯，讓自己最有啟發？

4.教師總結：我們在故事中看到以「行為」或是「言語」形成對比，這些對比讓故事中的人物形象刻劃更加明顯，從中獲得更深刻的啟發。

小組討論，比較故事中的「同」與「不同」。

（四）從讀到寫

1.我們可以把人物的言語、動作、神態或外貌上的對比帶進故事裡，也可以創作自己的故事。

2.挑選下列任一個題目，運用對比創編故事：貓和狗、紅花和綠葉、天使與惡魔、筷子和碗、火與水……

正想對你說

　　群文閱讀著重於默讀、尋讀、跳讀的能力培養，只著重於一個教學點，並貫穿多文本，故不花時間進行朗讀與字詞的理解，只要學生了解創作故事可強化對比的技巧即可，再以短文寫作評量教學目標是否達成。

　　1＋X中的X可以依據學生的程度，選擇兩則到四則故事，請學生依據自己的閱讀速度來調整，但至少要讀一篇以上的文章。

第28計 ＼高年級群文閱讀課例／

穿越古今中外

　　群文閱讀很適合在高年級進行，不但增加閱讀量，也同步訓練閱讀速度。高年級的孩子需要進行較長篇幅的閱讀，透過從課內延伸課外篇目的方式，讓學生有序增加閱讀量。在閱讀議題實質內涵中提到：

　　閱E9　高年級後可介紹數位文本及混合文本作為閱讀的媒材。

　　閱E10　中、高年級：能從報章雜誌及其他閱讀媒材中汲取與學科相關的知識。

　　可見真實生活中，為了解決問題，不會只有閱讀單一篇目，而是透過多文本閱讀方式，甚至是數位文本及混合文本作為閱讀的媒材，在群文閱讀中，可以展現閱讀的多元樣貌。

正會這麼做

一、課例：跟著蘇軾去旅行

　　康軒五下〈湖光山色〉裡有蘇軾的兩首七言絕句，分別是〈飲湖上初晴後雨〉、〈題西林壁〉，我們除了進行這兩首詩的比較閱讀之外，更加上〈豬肉頌〉和〈食荔枝〉，一共四首詩，帶著學生閱讀蘇軾在不同人生時期的作品，也藉此更認識蘇軾。我將四首詩組了一組群文，稱為「跟著蘇軾去旅行」，透過群文的方式來認識作者的生平。

跟著蘇軾去旅行
第一站——西湖風景區
〈飲湖上初晴後雨〉 水光瀲灩晴方好，山色空濛雨亦奇。欲把西湖比西子，淡妝濃抹總相宜。
第二站——廬山風景區
〈題西林壁〉 横看成嶺側成峰，遠近高低各不同。不識廬山真面目，只緣身在此山中。
第三站——美食時間
〈豬肉頌〉 淨洗鍋，少著水，柴頭罨煙焰不起。待他自熟莫催他，火候足時他自美。黃州好豬肉，價賤如泥土。貴人不肯吃，貧人不解煮。早晨起來打兩碗，飽得 自家君莫管。
第四站——飯後水果
〈食荔枝〉 羅浮山下四時春，盧橘楊梅次第新。日啖荔枝三百顆，不辭長作嶺南人。

首先，我帶著學生以大數據的角度切入來了解蘇軾：

- 唐宋詩詞由9552位作者創作了276545首詩詞

- 蘇軾一共創作了3458首詩詞

- 蘇軾活了64歲

接著，我請學生算算以下兩道問題：

1. 平均每位作者要完成多少詩詞的創作？

2. 蘇軾一年平均要寫多少詩詞呢？

從這個數據可以了解蘇軾是一位「量產」的作家，作品非常的多。我們可能因為讀過〈飲湖上初晴後雨〉而感受蘇軾文字之美，他筆下的西湖美景令人難忘。

大陸清華附小的小朋友曾經做過一份作業，將蘇軾詩詞寫過的景點與其品牌價值進行連結，西湖和廬山這兩個風景區都因為被蘇軾寫進作品裡而聲名大噪。再從蘇軾為景點寫詩的次數中發現：杭州西湖風景區是第一名（三十一首），鎮江市三山風景名勝區是第二名（十二首），九江市廬山風景名勝區是第三名（十首）。

我給學生的閱讀資料都附上註釋和語譯，讓他們練習讀懂古文的方式，如，形成畫面（畫畫）、看註釋、讀語譯、朗讀、查字典或查找補充資料。

這堂課最重要的就是帶學生看見不同時期的蘇軾，了解其中的心境轉折。蘇軾從飽覽美景的幸福，到諸事不順的怨懟，最後是享受美

食的不羈豁達，經過一段漫長時間自我療癒，後期的蘇軾以釋然的態度來看待人生，一切豁然開朗。

作品	地點	年齡	心情	理由
〈飲湖上初晴後雨〉	杭州	36歲	快樂	可以看到美景。
〈提西林壁〉	貴州	49歲	納悶	因為他看不清楚盧山的面貌，而產生問題。
〈豬肉頌〉	黃州	45歲	開心又不解	可以吃豬肉，但不解富人為什麼不吃。
〈食荔枝〉	惠州	60歲	幸福	因為每天都可以吃到300顆荔枝。

為了讓學生了解蘇軾究竟經歷了什麼事情，我補充蘇軾遇到的三次貶謫。

1. 第一次被貶：元豐二年（西元1079年）因以詩文毀謗朝廷的罪刑，從湖州任上被押解進京下獄。僥倖被釋放後，貶謫黃州。

2. 第二次被貶：元佑四年（西元1089年），已被調回京城的蘇軾，與他黨意見發生分歧，出知杭州。元佑六年召回京師，又被賈易等人誣告，蘇軾請求外任，先後被派知潁州、揚州、定州。

3. 第三次被貶：宋哲宗親政，蘇軾被一貶再貶，由英州、惠州，一直遠放到儋州。直到元符三年（西元1100年）宋徽宗即位，他才被赦免北歸。

進行古詩的教學時，通常會介紹作者的相關背景，因為作者的生平背景也是理解古詩的渠道之一。而我是透過這一組蘇軾的詩來介紹蘇軾的一生起伏，所以包括東坡肉、烏臺詩案，都在其中。

最後，我問同學：「這四首詩，你覺得哪一首詩比較負面？」有人說：「〈題西林壁〉，因為看不清楚廬山到底長怎樣，大家看不清楚真實的樣子，就像是蘇軾自己被陷害、被誤會一樣。」也有人說：「豬肉頌，因為蘇軾覺得富人不懂得美食。」

這一課的寫作，我請學生自訂主題，只要和蘇軾有關即可。小朋友訂的題目也是五花八門，有「我的同學——蘇軾」、「我的好朋友」、「蘇軾餐廳菜單介紹」、「東坡旅行社」、「和蘇軾去旅行」、「蘇軾的一生」、「跟著蘇軾夢遊去」……等等，大多同學都是從這四首詩，以及上課的影片補充（佛印），來更進一步認識蘇軾這位大作家。

二、群文議題：不一樣的老師

康軒五下有一篇課文〈要挑最大的〉，蘇格拉底帶著許多學生挑選麥穗，到最後卻沒有任何人摘到最大的麥穗，蘇格拉底從中教導學生要把握當下，以啟發的方式帶領學生感悟。

這個課例是帶著學生閱讀更多的老師故事，閱讀的文章如下：

1. 要挑最大的
2. 顏回輸冠
3. 蘇利文女士
4. 0.1的改變
5. 女王的教室——為什麼要讀書（事先觀看YT影片）
6. 泰國老師的故事（事先觀看YT影片）

前四篇文章在教室閱讀，後面兩段影片則在家觀看完畢。因為只有一節課的時間要討論六篇文本，所以不需要太多的問題。我請班上的六個小組各討論一個人物，討論題目是：

1. 這個老師讓我感動的事
2. 我想要這樣的老師嗎？為什麼？

有個組別的分享引起了大家熱烈的討論，這個組別甚至說：「我們不想給日本老師教，因為他太嚴格了。」

關於這組的想法，我問其他同學有沒有別的意見，當下就有一個女生舉手：「我喜歡這位日本老師的教學方式，理由很簡單，因為媽媽就是這樣在教我，我也很習慣，而且班上同學太皮了，我覺得需要嚴格一點。」

這時候，臺上的女生又說了其他想法：「可是她把學生打到受傷！」

另一個女生舉手：「因為那個男生要殺人。」

臺上女生：「他是想要殺人，但是還沒有殺啊！」

剛剛那位同學馬上反駁：「可是他會霸凌班上同學，而且很多人因為那個男生而想要自殺。」

我樂觀其成可以看見學生不同的見解，因為本來就沒有標準答案，只是想要透過這幾篇文本，來引出學生對於老師的觀點與看法。

日劇中老師的教法引起全班熱烈討論

接著我請同學們寫下：

最想要給這六位老師中的哪一位老師教呢？

有同學寫著：「日本老師。因為他可以真正的讓我們記取犯錯的教訓。」

也有同學回答：「泰國老師。因為他可以用愛包容、教導學生，甚至為了學生研究自閉症。」

從學生的回答，我們可以發現：孩子喜歡一個老師的理由有很多元，而且有些理由可能讓普羅大眾啼笑皆非。

有了文字的敘述後，我請同學舉手投票，思考自己最想要讓哪個老師教，以下為結果：

1. 孔子 3 票

2. 蘇格拉底 4 票

3. 蘇利文 0 票

4. 王政忠 1 票

5. 日本老師 6 票

6. 泰國老師 8 票

最後進入「找文本連結點」的比較策略，我請學生找出文本之間的差異或相同處，他們討論出的答案是：

1. 泰國老師和蘇利文老師的學生都是身心障礙人士，也都很有耐性。

2. 蘇格拉底和日本老師的教學方式不一樣，蘇格拉底是讓學生自己去感受，日本老師是直接告訴你道理。

小朋友在一節課時間討論六篇文本，運用課內、課外，文字、影像的文本交織出不同的閱讀情境，並以簡單的問題讓學生連結自己經驗發言，好處多多。

群文議題討論激盪出不同的思維

正 想 對 你 說

　　群文閱讀最大的價值是改善課堂風景，讓孩子提升閱讀速度、激盪閱讀思維、擴大閱讀想像，這是原本課堂裡的單文教學無法達到的，在四十分鐘的課程中，讓學生腦力激盪與互動交流。從不同角度解讀文本，角度越多元，想法越全面。

第29計　＼從十九大議題切入讀寫／

打破知識疆界

　　常在新聞報導上看到「民生議題」四字，打開google搜尋引擎鍵入關鍵字「民生議題」會出現食安、居住正義、缺水、汙染等新聞，皆與人民的食、衣、住、行都有極大關聯。

　　而根據《十二年國教課程綱要總綱》於「實施要點」明列八大領域課程設計應適切融入十九項議題，《議題融入說明手冊》中所揭示的時代性，反映出當代社會所需凸顯的價值。這十九大議題交織生活各大面向，當教師充分將議題融入於課程之中，會讓課程更加生活化，認識重大議題就是認識自己的生活，形塑有素養的課程。

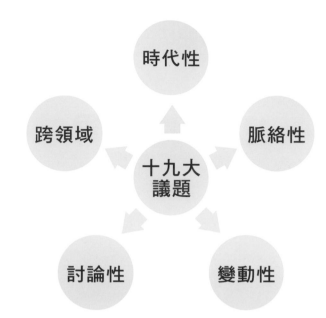

 正會這麼做

一、議題必讀好書

　　將「閱讀」訂為課程重要一環，規劃低、中、高三個學習階段的必讀好書，選書的原則從十九大議題出發，讓每一個議題都有搭配的書籍，故低、中、高各有十九本議題必讀好書，老師可以在校訂課程中指導學生閱讀。除了用課外讀物連結議題，更導入不同階段所要學會的學習策略，讓學生不只了解議題對生活的影響，更學會閱讀策略的使用，兼具語文人文性（議題面）和工具性（策略面）。

結合議題	書名
性別平等教育	《設計你的夢想：衣鳴驚人吳季剛》
人權教育	《我是馬拉拉》
環境教育	《從空中看臺灣》
海洋教育	《爸爸是海洋魚類生態學家》
品德教育	《我的成功，我決定》
生命教育	《少年小樹之歌》
法治教育	《說謊的阿大》
科技教育	《頑皮艾伯特不在家》
資訊教育	《實踐創意 小學生進階程式設計挑戰繪本1：什麼是程式設計？》
能源教育	《吃電怪獸在我家》
安全教育	《我有絕招》
防災教育	《綠色能源島》
生涯規劃教育	《新工作大未來》
家庭教育	《我那特異的奶奶》
閱讀素養	《詩魂》
戶外教育	《阿國在蘇花公路上騎單車》
多元文化教育	《西貢小子》
國際教育	《我的阿富汗筆友》
原住民教育	《小頭目優瑪》

二、寫作連結議題

　　康軒六上的〈跑道〉是一篇校園故事的課文，講述接力賽中的友情考驗，這樣貼近學生生活經驗的課文，可以讓學生有共鳴。這一課的特別之處在於主角的心理情緒變化，時時牽動著他的想法及下一步，而在對話中，不但可以看出同學之間友情的堅定，更可藉此來推動情節。據此，我主要以兩個部分來討論課文。

　　習作中所搭配的寫作題目為「一次真心的道歉」，練習寫出自己說「對不起」的狀況，及其心路歷程、心境轉折及如何道歉。

　　為了結合海洋教育，我將道歉的對象設定為「海龜」。我放了一段海龜鼻子插著吸管的影片讓學生觀看，並進行簡單的討論，以此帶入寫作。也讓他們參考紅點設計獎的得獎作品，如法炮製一份類似的作品。學生在飲料的包裝紙盒上進行創作，插進吸管的位置可能就是插進海洋生物的鼻孔，以視覺帶出震撼效果。

　　有時在思考要讓學生寫什麼作文題目時，可以想著如何結合議題，並無痕的融入寫作練習中，從書寫來進行價值澄清。

包裝盒的設計融入環保議題的思考

三、自由研究連結議題

　　自由研究的主題發想，除了讓孩子從生活中尋找題材外，還可以指點孩子哪些研究方向呢？在108課綱中，十九大議題反映著社會重大話題的共識，老師可以提供給學生，從中發展更細緻的研究主題，記得提醒孩子，要能寫出自己的研究與發現以及個人心得，避免只是資料的堆疊累積。

戶外教育的自由研究作品

　　學生查找資料可利用網路或到圖書館查圖書資料，而內容呈現則以「圖、文、表」共舞方式呈現，研究才會具有趣味。

海洋教育的自由研究作品

以下表格為從議題發想的統整，提供給各位老師參考。

議題	主題發想1	主題發想2
性別平等教育	世界各國女性政治人物	那些玫瑰少年
人權教育	我的遊戲權	童婚事件
環境教育	全球暖化	垃圾到哪去了？
海洋教育	瞧！是海洋汙染！	一起玩水上活動
科技教育	一起動手做玩具	介紹好玩五個學習app
能源教育	節約能源你我他	綠色能源大進擊
家庭教育	不一樣的家庭組成	做家事是全家人的事
原住民教育	原住民手工藝大賞	山豬學校 飛鼠大學
品德教育	教室裡的有品行為	人際關係面面觀
生命教育	第七夜	銅鋰鋅？同理心
法治教育	拒絕偏見	怎麼制定班規
資訊教育	充滿資訊科技的一天	假新聞整理分析
安全教育	校園遊戲安全熱點地圖	事故傷害之我見
防災教育	走過921二十年	防震背包開箱文
生涯規劃教育	Foodpanda來囉～	我的未來工作
多元文化教育	娘惹滋味	水中木偶戲
閱讀素養教育	國語日報介紹	我常用的閱讀方法
戶外教育	社區巡禮	夜宿海生館
國際教育	環遊世界八十天	拒絕恐怖主義

正想對你說

　　十九大議題交織生活各大面向，教師充分將議題融入於課程之中，會讓課程更加生活化，形塑有素養的課程。

　　議題融入日常心得日記、讀報心得或是結合影片進行探討都會是不錯的作法。

\ **處處皆可練寫作** /

創造國語課本 最大價值

「女人也許會欺騙你，朋友也許會背叛你，但數學不會。因為數學不會就是不會。」這是在網路上流傳的一則笑話。那麼閱讀寫作呢？閱讀寫作一定得會，而課本就是最好的教材。

課文是讓學生練寫作很棒的素材，老師只要善用巧思，就能引導學生「刻意練習」。除了從課文的教學點延伸寫作之外，舉凡課本的封面、編者給學生的話、課本單元頁、語文焦點、學習地圖（統整單元）、習作閱讀測驗……都可以轉化為讀寫練習。

一、利用統整活動寫作文

統整單元揭示每一個單元裡閱讀寫作的教學重點，同時也呈現重要的語文知識，如，書法家的故事、六書、同音詞、認識小說……。老師可以從中創設情境來練習寫作，從寫作的角度來熟悉課本所提到

的語文知識。

　　有一次上課內容是同音詞，我左思右想該如何讓學生熟悉它。課本將同音詞分成兩類，包括同形同音詞（生氣）和異形同音詞（琵琶／枇杷、政見／證件），帶著學生認識課本的例子後，我請各小組開始進行發想，能夠想出越多的同音詞為佳。

　　這樣的同音詞時常在生活中因為「雞同鴨講」而鬧出笑話，於是我們就練習用同音詞寫四則笑話。除了練習寫笑話，我還讓學生回家說笑話給家人聽，請家人選出一個最好笑的笑話後，在班級進行「中正笑話冠軍」選拔。在這一次的寫作練習中，學生認識同音詞到創作同音詞笑話，將語文知識反覆練習了四次。課本處處都是寫作媒材，連結生活情境進行創作，寫作一點都不難。

二、利用「給同學的話」來寫作文

　　在目次頁之前，有一頁是編者給同學的話，以書信的格式寫成，編者簡單介紹四個單元會學到哪些內容。

　　康軒六下「給同學的話」的寫法有趣，將學生要學到的四個單元的內容包裝成四個祝福，呼應六年級下學期即將離開小學校園的不捨與期盼。這四個祝福分別是：

第一個祝福
希望你擁有真摯關愛的心，並懂得珍惜你所擁有的一切。

第二個祝福
希望你擁有寬廣的視野，以披荊斬棘的精神，開創未來。

第三個祝福
希望你能永遠保有童年的純真，並帶著這樣的回憶，朝向下一個目標啟程。

最後一個祝福
期望你能擁有足夠的智慧及勇氣，堅持自我，踏穩成長的腳步，展翅飛翔。

　　我依據這樣的寫法，轉換情境，請小朋友寫信給一年級的自己，將課本的四個祝福改成四個叮嚀。

　　這個構想來自於某一次看日本綜藝節目，有個七十六歲的單身老爺爺說了一段話給二十四歲的自己，要勇敢向當時的女友求婚，因為女友在兩年後就過世了。走過來時路，彷彿看著水晶球的自己，千金難買早知道，人生中要不後悔很難，但若能說或寫出對於過往自己的叮嚀與反省，不啻也是一種成長。

　　從這樣的思維導入讀寫，在學生的作品中，可以看出他們這六年中相對不足或有待成長的面向。以下是一個班上男同學寫的：

> 第一個叮嚀，我希望你在選擇上有極大的勇氣。
>
> 第二個叮嚀，我希望你有一顆誠實的心，面對每一件事都一定要誠實。
>
> 第三個叮嚀，我希望你不管怎樣都一定要對自己有自信。
>
> 第四個叮嚀，我希望你可以勤勞一點。

這四個叮嚀是學生給自己的小學生活一個當頭棒喝，也許時光無法從來，但是升上七年級也應將所有的叮嚀謹記在心。

三、回一封信給編者

國語課文除了用來教讀寫之外，每一課也傳遞了一個大道理（課文主旨）。

在學期末時，我請學生打開國語課本，從中檢視每一個道理，自評可以得到幾分，再寫一句話來舉例，藉著自評來省思國語課本教會了我們什麼？如〈智救養馬人〉所傳遞的道

課本裡的大道理

理是要以委婉的說話技巧來應對，學生寫下：「自評4.5分，因為我不會直接說出他人的不是，而是以客觀的態度讓他改進。」可見學生將課文中學到的說話技巧運用在生活之中。

此外，既然編者告訴我們這學期會學習哪些內容，學生可以從讀者角度回一封信給編者，告訴編者自己讀完這一冊課文後的想法與建議，可以說明自己最喜歡的課次或最不喜歡的課次，以及建議加入哪一些文章會讓課本更加有趣。我將學生的作品回傳給教科書的編輯，也成了彌足珍貴的讀者回饋，因為學生是最直接的讀者，若在選用文章時，可以選入切合國小學生口味的篇目，會更貼近讀者經驗。（參考第23計的書信教學）

四、課文中詩的版面與架構

高年級的古典詩文版面都是由作者簡介、詩、解釋、語譯和賞析組成。

我想著：如果讓學生自己創作一首詩，他們會怎麼寫作者簡介和賞析呢？在作者簡介上，學生發揮了創意，寫進常見的作者簡介內容，如，稱號、詩風、派別等。而在賞析這部分，除了分析詩作的意境外，更簡單的分析每一聯的寫法。學生從欣賞課本詩作的角度，進展至創作詩，更進一步剖析自己詩作的寫法與特色。整個版面都由學生自己創發！

正想對你說

　　課本的每個角落都有值得練習寫作的素材，妥善運用並引導學生刻意練習，就能讓課本的價值發揮得淋漓盡致，處處都能練習寫作。

讀寫的趣

源源不絕

美食化為寫作材料、桌遊融入語文教學、
生字表秒變遊戲道具……讓學生邊玩邊學的N種方法。

第31計 ＼美食讀寫／

最好的味覺禮物

其實，我畢生的願望就是想要當美食節目的主持人，因為可以一直吃、一直買、一直玩，實在是太幸福了！吃美食應該是我的興趣，人家都說班級的小朋友教久了都會像老師，他們最像我的地方，就是「愛吃」，可是，自古誰不愛美食呢？

我喜歡以「吃」來連結各大領域的教學，教國語時寫美食、教數學時算美食熱量、教社會時研究臺南人為何吃比較甜……只要一談到吃，孩子就有好多自己的經驗可以分享。

關於教美食，我有一件小糗事分享。記得有一次教琦君〈桂花雨〉時，我買了四盒桂花糕要給小朋友品嘗，當作課程的引起動機，從桂花糕的桂花香，慢慢走進琦君的童年世界。

我給學生十分鐘的時間吃桂花糕。先請學生觀察外型，接著聞聞香味，再細細感受滋味。我自己咬了一口後，內心小宇宙開始爆炸，心想這桂花糕也太好吃了吧！但是怎麼一點桂花味都沒有，我要怎麼

找臺階下？還是我買錯了？我急忙改口：「雖然這桂花糕沒有什麼桂花味，但是我們可以一起品嘗琦君在課文裡帶出的桂花香，全班一起讀一讀課文吧！」危機才暫時解除。

 ## 正會這麼做

一、從提問解構文章

康軒六下〈最好的味覺禮物〉一課，我們一起進入張曼娟的文字世界，這一課主要是在寫小時候家人總是自己打果汁來喝，手作的溫度，感動每一顆心，再對比現今的茶飲店，化學氣味麻痺了味覺。這一課我試著用單元二提過的黃金圈理論（參考第10計：點燃學習熱情）來帶孩子看課文：

1. 為什麼要有最好的味覺禮物？

2. 怎樣才能有最好的味覺禮物？

3. 什麼是最好的味覺禮物？

從這三個問題中，串起整篇文章。為什麼要有最好的味覺禮物呢？因為怕孩子的味覺被化學氣味麻痺。怎樣才能有最好的味覺禮物？讓水果自然生長，擁有最自然的香氣。什麼是最好的味覺禮物呢？自己動手作做的果汁。當孩子們可以品嘗食物真正的味道，才是最好的味覺禮物。懂得問問題，就能切入課文引導學生思考。

二、運用感官多面向摹寫

這一課以五感來描寫天然的果汁，習作裡也是五感的練習，同樣都把美食寫得香氣四溢，讓讀者迫切想要品嘗，這就是「摹寫」的威力。寫美食運用感官來描寫是基本的能力，那還可以用什麼方式來呈現美食呢？我找了十則飲食文學片段文章給學生，成為孩子延伸閱讀的媒材。

我請學生思考：這十則短文寫了美食的哪些面向？接著把相同面向的短文進行分類，每一個類別下一個小標題。這些短文以韓良露和焦桐的作品為主，有介紹美食歷史，也有強調美食作工的細膩，還有強調吃美食的過程，更有深化吃完美食的人生體悟。

　　學生了解了美食的不同寫法後，接著自行創作文章，從最貼近學生的家鄉美食著手，一天寫一則推薦，可以從不同面向來介紹會更好。

圖文並茂的美食介紹

　　寫作前，我告訴學生：「如果老師看到你的文字而垂涎三尺，我就買來和你一起在教室吃。」每個學生充滿鬥志，非常努力的完成了四天的作業，想到可以在教室裡面吃到自己愛吃的美食，實在是太幸福了！

三、來當美食直播主

　　學生完成的作業不但圖文並茂，而且內容相當豐富。我買了其中一份作品中的美食，與小作者一起在教室品嘗，也進入了「美食直播主」的環節。我請學生介紹這份美食吃起來的口感，或是有什麼獨特之處，同步直播至家長群組，讓大家參與班級的課程。基本上，我們班的小孩真的很愛吃，用美食的確可以引起他們的學習動機，大家可以看看孩子迫不及待的樣子，我也實現了想要當美食節目主持人的願望。

　　如果無法寫美食，那就寫學校的營養午餐啊！可以結合健康課導入六大營養素，老師先拍下幾道菜色的近照，影印後發給學生，讓他們自由排版設計，變成營養午餐的專刊。如果也不想寫營養午餐，那就用畫筆創作出自己想要的美食吧！

正 想 對 你 說

　　課內讀手作果汁，課外延伸其他作家的飲食文學，看看作家怎麼寫，自己可以怎麼遷移與介紹，最後推薦家鄉美食，完成寫作。我認為最好的味覺禮物就是道地家鄉味，於是讓學生練習寫了八種不同類型的美食，反覆描寫同一主題，讓學生有所成長。

　　南一四上〈冬日吃蘿蔔〉、翰林六上〈遊走在世界的市場裡〉都是與飲食相關的篇目，老師可以掌握教學點，帶學生寫美食、說美食、吃美食。

　　考試裡也可以窺見美食的影子，109年會考考張曼娟〈一片薄薄的冬瓜〉，109年學力檢測考謝仕淵《府城一味：時間煮字，情感入味，一起來臺南吃飯》，都是與美食相關的文章，除了考驗學生是否讀懂內容，同時也考驗是否讀出寫法。

　　當學生可以寫出吃美食所體會到的人生道理，文章就提升了一個層次，從具體面寫至抽象面。美食，讓課堂動了起來！

第32計 ＼ＭＳＳＲ的動人時光／

找回閱讀的初衷

　　曼古埃爾在《閱讀地圖：一部人類閱讀的歷史》一書中提及閱讀是人類的基本能力，如天文學家閱讀一張不存在的星星圖、動物學家閱讀森林中動物的味道、漁夫將手放入海中以閱讀海流、農夫閱讀天空以測天氣。可見閱讀攸關生命、生存、生計及生活，不閱讀怎麼行？而教室中最棒的閱讀模式，就是MSSR。

　　MSSR是什麼？是「身教式持續安靜閱讀」（Modeled Sustained Silent Reading）的縮寫。我們可以從中解析它的重要原則：

　　身教式：學生閱讀時，大人可以一起陪著閱讀，讓大人成為學生面前的閱讀典範，如火車頭引領全班同學共同閱讀。

　　持續：如果根據期程長短，可以延伸不同的意義。短期是指學生要每天不中斷的閱讀，持之以恆的進行，讓閱讀如呼吸般自在，久而久之內化成自身的習慣之一；長期而言，將閱讀帶來的紅利拉長來看，小學養成閱讀習慣，將這個習慣帶至國中、高中、大學，成為終

生閱讀者。

　　安靜閱讀：除了學生在閱讀的當下要保持安靜，閱讀環境的營造也是要安靜無聲，這樣的環境比較容易專注。所以大家避免交談、走動，保持無聲的狀態。

親師生寧靜閱讀時的美好氛圍

 正會這麼做

　　在教室推動MSSR，除了持續寧靜閱讀外，這裡分享我在教室裡面實作後的發現與提醒。

一、建置班級書庫

　　向家長募書：我曾寫募書信給家長，大多家長都是帶家裡「不再讀」的書本來學校，這是一個很好的作法，如果一班有三十個學生，每人帶三本來學校，每個小朋友就有九十本的書可以讀了。唯一要注意的是，並不是每一個家長都知道該年齡階段該閱讀什麼書，所以可以給家長一個班級贈書的大方向。

年級	適合類型
低	童話、故事、繪本
中	人物傳記、英雄
高	少年小說、推理小說

　　老師自己買書：這是我覺得最簡單又不麻煩家長的作法。我常在茉莉二手書店挖寶，經常有意外的收穫，花個三百元就可以帶回五、六本書，實在很划算。

　　其他如運用愛的書庫參加寫十贈一的活動，或是申請誠品文化基金會的贈書，都是可運用的民間資源。

二、閱讀環境營造

　　師生可以共同布置溫馨閱讀角，將其視為教室布置的一部分。布置圖書角要注意保持光線充足，以兒童為中心，讓班上的同學輪流當

書香長，由書香長來管理環境，老師賦予權利給書香長，如可以優先提出想要添購的班級圖書。若能打造出具有互動性的圖書角會更好，如尋寶、有獎徵答，提高學生進入圖書角的頻率。

三、要寫閱讀心得單嗎？

配合學校的閱讀獎勵，有些學生會寫閱讀心得學習單來集點，我不要求他們一定要寫，保有持續閱讀的習慣才是重點。

喜歡閱讀的孩子，就讓他持續讀；不喜歡閱讀的孩子，老師可以推薦有趣的書籍給他，讓孩子找回閱讀的純粹，因為閱讀本身就是一件快樂的事。老師若想要知道學生這學期讀了哪些內容，可以讓學生以口語表達方式呈現，並提供學生發表的鷹架，讓每個人上臺時都能說出完整的一段話。

簡單介紹書籍 ➡ 書中最有趣的部分 ➡ 想要推薦給誰 ➡ 寧靜閱讀的心得

四、把家長帶入班級MSSR

MSSR與晨讀十分鐘較大的差異是「典範示範」，大人需要陪同學生一起讀書。於是我認為不只有老師是學生閱讀的典範，家長更扮演了重要的角色。我邀請家長一起入班閱讀，讓教室裡的閱讀典範越多越好，同時也希望家長可以把這樣的習慣帶回去家庭，一起進行家庭MSSR，一起放下手機，共同看見奇蹟。

我鼓勵家長在家也進行MSSR，先從五分鐘開始，漸進式拉長閱讀的時間，最好的狀況是每天可以親子共讀二十分鐘，至於要讀什麼書，不是家庭MSSR的重點，陪伴彼此，感受文字的魅力才是要務。

五、讓孩子讀自己想讀的書

閱讀的原動力來自其中所獲得的喜悅，我鼓勵學生讀自己想讀的書。在孩子獨立自主閱讀的十大權利之中，第三點即是孩子有讀任何書的權利（除了色情、暴力以外），想怎樣讀就怎樣讀，想要跳頁讀也行，讀到一半想要換另一本也行（為了保持閱讀時的寧靜，允許讓學生一次多帶幾本書到位置上）。

當老師給予學生的限制越少，學生的閱讀視野就會越開闊。

正想對你說

　　有一次隔壁班老師在會議中分享班上情緒障礙的孩子發脾氣，甚至把牛奶丟到樓下，身旁的人都遭殃，老師通知家長後，家長說可以試試讓孩子閱讀，果然，孩子的心靜下來了，某個程度，閱讀也是一種自我療癒。

　　可以在上班時間讀自己喜歡的書，世界上大概找不到這麼好的工作。每天閱讀二十分鐘，不知不覺也就讀完一本書。林清玄曾言：「你的氣質裡，藏著你走過的路，讀過的書，和愛過的人。」就讓我們在書香滿溢的環境中薰陶最棒的自己。

第33計 ＼從讀到寫無痛連結／

繪本的神奇魔力

　　日本寫實報導作家柳田邦男說：「一個人與繪本的機緣，第一次是在自己小的時候；第二次是養育孩子的時候；第三次則是在進入人生後半的時候。至於到第三次拿起繪本時，則不再是為了孩子，而是為了自己閱讀。」在不同時期閱讀繪本總有不同體悟，徜徉在繪本的大千世界，感受圖文帶來的魅力或震撼。

　　繪本教學的好處多，可以連結各大議題進行教學。在某一次防疫記者會上，媒體向當時的疫情指揮中心指揮官陳時中反映，有男學童向家長抱怨，擔心戴上粉紅色口罩被同學嘲笑。於是陳時中與其他官員於記者會上戴上粉紅色口罩，親自示範「顏色沒有性別」。此時在課堂上若能導入與性別刻板印象的繪本，會是很好的選擇。

　　在小學教室裡，常有故事志工入班說故事，這些故事志工能說能唱、能跳能演，以「演書」的角度帶著學生進入繪本世界，而老師在帶領學生閱讀繪本要與故事志工有所區別，故事志工所說的繪本不用

考試，而老師帶領學生閱讀的繪本可以結合課內的讀寫任務，讓繪本成為連結讀寫能力的重要媒材。

 正會這麼做

　　從基本的閱讀鑑賞，到進階的寫作創造，將繪本帶入課堂教學的方式多元而美麗，各式各樣主題的書也引發學生天馬行空的想像，以下介紹幾個繪本導入讀寫的例子。

一、《勇氣》

　　你認為勇敢是什麼樣子？作者韋伯在繪本中呈現了各式各樣的勇敢表現。那些在大人心目中微不足道的事情，可能在孩子的心目中是轟轟烈烈的，鼓勵孩子寫出他認為很有勇氣的事情，為自己的表現加油。每個人的心中都有勇氣指數，當孩子願意嘗試、挑戰，勇氣指數就攀升。

（小魯文化出版，作繪者／伯納・韋伯）

　　這本繪本適合連結讀者的經驗，請學生說一說自己做過最有勇氣的一件事，再進行階梯書的創作。

階梯書創作

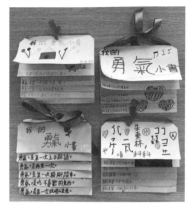

勇氣樹創作

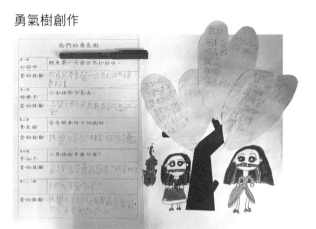

　　勇氣，是第一次上場比賽。

　　勇氣，是和父母大小聲。

　　勇氣，是第一次拔樹。

　　勇氣，是第一次交朋友。

　　勇氣，是第一次和別人打架。

　　《勇氣》是一本簡單卻有著大道理的繪本，藉由繪本的輔助，孩子娓娓道出自身經驗。這本繪本很適合延伸運用於南一二上第三課〈勇氣樹〉，結合藝文課讓學生剪下綠葉，在綠葉上寫下自己做過有勇氣的事，再貼到勇氣樹上。

二、《貓咪看家》

　　身為貓奴的我，只要騎機車看到貓，都會揮手和貓咪打招呼：
「咪咪！」以往的經驗告訴我，貓咪都不大會理我，我是一廂情願，
只能回家抱抱我的貓，和他們說話，雖然他們依舊很少理我，只有在
肚子餓時，才會巴著我不放。

　　貓咪就是這麼愛耍任性而可愛，我常常想：「我在上班時，貓咪
不知道在幹嘛？」後來在《貓咪看家》這本繪本中得到了有趣的答案。

　　繪本裡的貓在主人出門後，就跑進衣櫃穿越空間，來到了家門
外，悠閒自在的去了好多地方，最後一幕是主人回家後，打開房門的
瞬間，貓咪已經在家翹首賣萌。這本繪本可以教什麼？我連結了低年
級的句子教學。

　　例：

　　貓咪在迴轉壽司店吃壽司。

　　貓咪在露天湯屋泡溫泉。

　　貓咪在咖啡店喝熱咖啡。

（上誼文化出版，作繪者／町田尚子）

　　結合康軒一下第七課〈作夢的雲〉的語文焦點練習造句（人物＋
地點＋事情），將一件事情說得更清楚。若能進一步引導學生加上時
間，就完成了重要的「四素句」練習。之後，可以在四素句再加入心

情、想像等。

　　練習完句子後，也可以進行繪本的寫作延伸，我給了作文的第一段和最後一段，中間部分請學生發想：如果你是貓，你會去什麼地方做什麼事情呢？讓學生發揮自己的創意進行想像。

閱讀繪本後的創意寫作

三、《這不是我的帽子》

　　繪本《這不是我的帽子》書名很適合導入「預測」策略，我問孩子：「這不是我的帽子，你猜猜看是誰的帽子？」

　　孩子的猜測五花八門，有人說是人類掉到海裡被魚撿到的，有人說是在海洋裡的商店偷的。

　　預測策略有一個強大的優點，就是能引起閱讀書籍的欲望，大家會想要知道自己是否猜中。

　　這本繪本也可以導入物品所有權的概念。故事內容是一隻小魚偷

了大魚的帽子戴，因為他覺得大魚戴起來並不好看，風格幽默詼諧。

　　書中一共有三個角色，分別是小魚、大魚和螃蟹，文字的敘述只有小魚的獨白，我以「對話」來連結寫作。

讓孩子加上角色間的對話

　　以魚的圖像來複習故事結構（開始、經過、結果），並請學生發想：你覺得大魚、小魚和螃蟹之間的對話會說些什麼呢？對話的作用主要是塑造主角的性格，也同時推進情節。

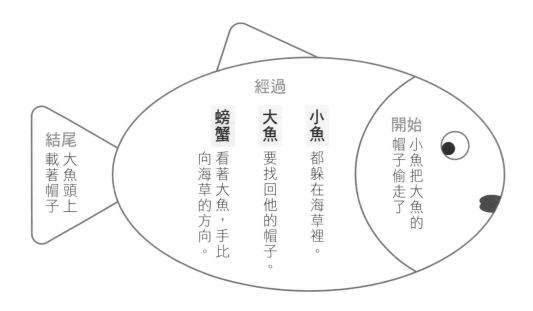

経過

<table>
<tr><td>結尾
載著
大魚頭上
帽子</td><td>螃蟹
看著大魚，手比
向海草的方向。</td><td>大魚
要找回他的帽子。</td><td>小魚
都躲在海草裡。</td><td>開始
小魚把大魚的
帽子偷走了</td></tr>
</table>

四、《不愛寫字的獅子》

這本繪本具有「反覆性」的特點，故事結構分明。

繪本中的獅子因為愛上了母獅子，想要寫一封文情並茂又符合身份的情書給母獅子，可是他卻不會寫字，因此找了許多動物來幫他，但因為每種動物的特性不同，所以寫出來的情書都不符合獅子的身分，河馬幫忙寫的情書竟然是邀請母獅子一起吃海草，老鷹幫忙寫的情書則是邀請母獅子一起吃屍體，這些情書都讓獅子大爆炸，在萬念俱灰的心情下，沒想到是母獅子主動教獅子識字。

（米奇巴克出版，作者／馬丁·巴茲塞特、繪者／馬克·布塔方）

這本繪本一共可以延伸三個教學：

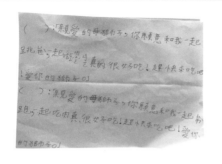	**教學一：** 請學生化身為某種動物代寫一封情書，不說明是誰幫忙寫的，請同學從情書內容推論是哪種動物寫的情書。
	**教學二：** 假如母獅子教會了獅子寫字，請你以獅子的身份寫一封信給母獅子來表達愛意。
	**教學三：** 《我選我自己》是《不會寫字的獅子》的續集，獅子要出來選舉了，但他有好多的競爭對手，請你幫忙設計競選海報。

繪本教學若能結合讀寫活動，會讓學習效益加乘！

正 想 對 你 說

　　繪本的價值在於貼近孩子的想像，簡單的三言兩語就擄獲大家的心，在教學現場中經常運用於議題的宣導，若能多思考一點，從課外繪本來切入寫作，練習課內所學到的讀寫方法，真是一舉數得！

第**34**計　＼玩出思考力／

桌遊導入寫作

　　這十年來，桌上型遊戲（桌遊）很夯，在疫情之前，桌遊店一間一間的開，三五好友在裡面相聚消磨時光，甚是有趣。如果能將這些桌遊運用於教學之中，在遊戲中學習，學生的眼睛一定會亮了起來。除了將市面上販售的桌遊導入教學外，運用課本及現有素材來創作桌遊，也是不錯的選擇。

 正會這麼做

一、妙語說書人

　　妙語說書人（Dixit）這款遊戲應該很多人都玩過了，其中各式各樣的圖片適合讓學生進行想像力的鍛鍊，以圖像來創作故事。創作故事可利用學生熟悉的敘述四要素來搭起鷹架，就能寫出一篇故事。

　　老師可以先示範抽出一張牌，引導學生就故事體元素進行思考。

故事體文本的元素

元素	說明	結合敘述四要素
人物	故事裡有哪些人？	人
場景	故事發生在何時？何地？	時、地
目標	主角想要做什麼？	事
問題	為什麼主角需要採取一些行動？	
行動	主角做了什麼事解決問題？	
解決方法	主角如何來解決問題	
主題	道理	

學生作品：蛋糕山

　　早上八點，小弟弟一早就要求爸爸、媽媽帶他去爬山，到了山的入口，小弟弟下車，他要走第一步之前，爸爸和媽媽跟他說：「弟弟，爸爸和媽媽就先帶你到這邊，接下來就要自己走了。」小弟弟回答：「好，我知道了，爸爸媽媽再見。」

　　小弟弟聽完爸爸和媽媽的話就一步又一步的慢慢爬上樓梯，小弟弟爬樓梯的樣子很可愛。他穿著藍色條紋的衣服、一頂軟軟的毛帽、一雙大大的鞋子和一條長長的褲子，還邊唱歌邊輕快的爬著樓梯，就像一個可愛的小天使。

　　小弟弟很快的就上山頂了，到了山頂才發現這座山全部都是蛋糕，小弟弟說：「什麼！這座山是蛋糕，難怪有股淡淡的甜味。」

　　小弟弟吃了一口覺得很好吃，開心的從背包拿出一把旗插在山頂上，靜靜的看著遠方，要走的時候心裡想：我還是不要跟別人說好了，因為這是我和蛋糕山的祕密。

　　從敘述四要素所發展出來的故事，因為扣緊敘事進行，會具有一定的架構。透過學生作品，老師可以引導他們修改，思考如何讓故事更加精彩，如，加入故事的衝突、讓主角受難、賦予主角魔力等。

　　另外一種「妙語說書人」的運用方式，可以一次抽三至四張牌，學生可以自由更動順序，以接火車的方式來創編故事，難度比較高。

二、自製桌遊說明書

　　幾年前參加過宜蘭縣小壁虎老師的閱讀研習，第一次聽到〈乞丐棋〉，我在教〈桂花雨〉這課時，就把〈乞丐棋〉當作延伸閱讀，讓學生更進一步了解琦君的童年生活。

　　面對乞丐棋中介紹遊戲方法一大串的文字，有什麼好方法讀懂呢？那就讓同學們自己玩一次吧！遊戲的過程中，開始有組別慢慢有爭執，原來是每個人對於字句的解讀不同，所以對於遊戲有了不一樣的想法。有的人看不懂文章，有的人覺得沒有豆子無法繼續玩，有的人就提出用一元硬幣代替。

　　接著，我暫停遊戲並提問：「乞丐棋的玩法如果寫得更清楚，會不會更好呢？請每個小組成員訂定遊戲規則。」每一個小組又開始嘰哩呱啦討論文章，每組達成共識後，遊戲也得以繼續進行。

　　這一週的回家作業，其中一樣就是幫乞丐棋設計一份桌遊規則說明書，為了練習將文字轉成圖像，加上圖說和細緻步驟，讓讀了這份

說明書的玩家可以輕易上手。

當學生可以與同學盡興的玩乞丐棋，發表遊戲規則的意見，甚至設計桌遊說明書，不就代表他讀懂文章了嗎？檢核學生的閱讀成效，不見得要用心得單或學習單，老師根據文章設計多元的任務，才是提升學生閱讀動機的活泉呀！

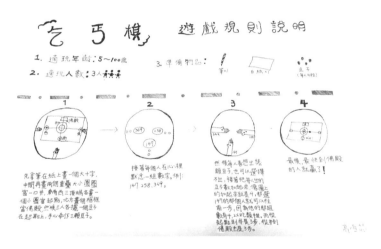

看不懂桌遊規則？那就自己設計一份說明書吧！

三、人物拼盤桌遊

了解人物的性格或特質，有沒有更有趣的做法呢？

康軒六上第十一課是宮澤賢治的作品。宮澤賢治的這首〈我願〉，在日本的小朋友們都會朗讀，可見這首詩歌在日本的火紅程度。這單元是介紹不同的文學作品，每一課都會有作者的作品與簡介。

這一課作者簡介的後三句，直接揭露該詩顯露出「刻苦堅韌、樸實誠懇、積極服務」的生活態度，於是我的教學圍繞著宮澤賢治的這三個特質展開討論。我請學生打開課本逐句思考：這句話是符合哪一個生活態度？為什麼？

以往我會請學生讀完課文後，從主角做的事情和說的話來推論人物特質，但這一課在作者簡介就直接出現三個特質，故以「反推」的方式進行。

從這三個特質中，讓孩子繼續發想：在社會中，有哪些人物也是符合這些特質？我以圖像的方式來進行拓展，設計了簡單的桌遊，並慢慢延伸至後續寫作。

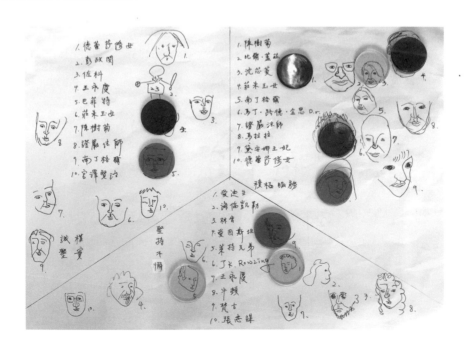

遊戲規則：

1. 三人一組，每人有十個相同顏色的透明片，一人一種顏色。

2. 決定完順序後，拿出自己的透明片，蓋住其中一個人物，並說說為什麼這個人物符合這個特質。（如，我認為德蕾莎修女有積極服務的特質，因為她照顧沒有人想要照顧的痲瘋病患者。）

3. 同一人物有額外的特質，可以再往上蓋透明片，說出不同特質及理由。

4. 十個透明片都出完後，看桌遊版上的透明片，哪個顏色最多，即為優勝。

在這一課中，我的寫作題目是「我要成為哪樣的人」，第一段我們統一都是寫宮澤賢治的故事，藉此鞏固課內學習。

「我要成為哪樣的人」作文架構

段1：我想要成為（　　）的人。

段2：名人事例

段3：我想要成為（　　）的人。

段4：名人事例

段5：我想要成為（　　）的人。

段6：名人事例

正 想 對 你 說

　　許多讀寫的設計都是建立在原本學習的基礎之下,想著:可以多做點什麼來練習聽説讀寫呢?愛玩遊戲是孩子的天性,順性引導更能引發學習的動機。桌遊不但可以發展學生的想像力、口語表達,甚至也能訓練讀寫能力。

第35計 ＼自製桌遊不費力／

用生字表玩遊戲

　　如果國語課本就是桌遊，那會有多好玩！課本中的生字表很適合轉化成桌遊，結合小白板、骰子、透明片或是其他媒材，就可以變出許多玩法，藉以引導學生進行口語表達或讀寫遊戲。

 正會這麼做

　　每一課的生字都有二十個左右，一格一格由上而下排列，很像一排排樓梯，一個個方塊也有點像大富翁，老師們可以利用這些排列整齊的文字來進行簡單的語文遊戲教學。

　　舉凡與字相關的練習，都可以用這個方式進行，例如：寫出一個同部首的字、畫出一個這個字的圖案、說出一個包含這個生字的四字詞語等……，老師可以靈活運用，端看目標為何。

一、上下樓梯

教　　　具	國語課本的生字表、兩個不同顏色積木
遊 戲 人 數	兩人一組
遊 戲 規 則	每一個人可以拿到一個積木來代表自己，一個從底下要上樓，一個從上面要下樓，兩人猜拳，贏的人才能往上或往下，兩人遇在一起時，若上樓的人猜拳贏了，要下樓的人就要再被往上擠一格。
遊 戲 變 形	第一次可以玩部首（站到該格說出部首）、第二次玩課本生字詞語、第三次玩造詞。

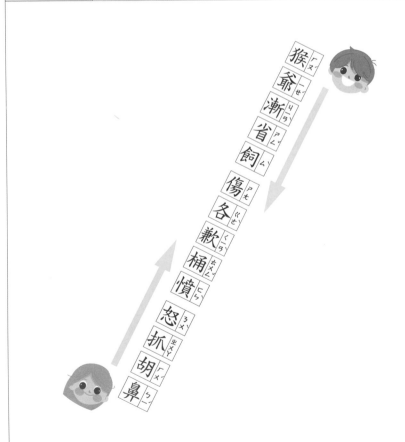

二、跑跑龜

教　　　　具	國語課本的生字表、四個不同顏色積木、一個特製骰子、小白板、白板筆
遊 戲 人 數	四人
遊 戲 規 則	1.每一個人可以拿到一個積木來代表自己，都從起點開始進行，輪流丟骰子，骰子一共有六個指令： (1) ＋1：前進一格 (2) ＋2：前進二格 (3) 原：回到原點 (4) 跳：跳過前面一個人，並到那一個人的前一格 (5) 停：暫停一次 (6) 背：跳到前一個人身上，並由那一個人背著自己前進，這時候就可以把積木插在對方積木上(只限定一回合) 2.跳到哪一個字，就要造那個字的詞，也可延伸為部首或生字成語，若為造詞講過則不重複，最快抵達終點就是贏家。
遊 戲 變 形	部首、生字成語、造詞

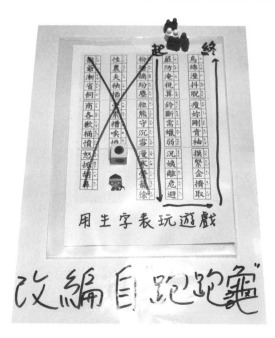

三、從前從前

教　　　　具	國語課本的生字表、透明片三種顏色各十片
遊 戲 人 數	三人
遊 戲 規 則	由頭髮最長的人(隨意)開始說故事，如拿到黃色透明片的同學，第一個放在「算」字，他同時要說「從前從前有一個很會算術的人」，講的句子要有「算」這個字，接下來就換另一個顏色的同學進行，如紅色同學放在「剛」這個字，並同時說：「他剛剛發現了一個天大的祕密」，說的話一定要有「剛」這個字，以此類推進行。透明片若四個連在一起即為獲勝，橫的、直的或是斜的都可以，所以玩家可以選擇要打斷別人的連線，還是顧及自己的連線，但同時又要能夠接到上一個人所講的故事。
遊 戲 變 形	造詞

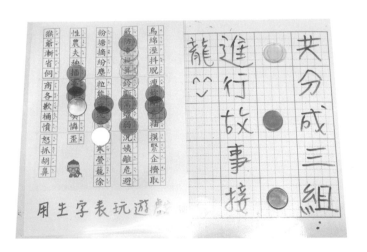

四、環遊生字小島

教　　　具	國語課本的生字表、四個不同顏色積木、數個不同顏色透明片、一個骰子
遊 戲 人 數	四人
遊 戲 規 則	1.前置作業：先給各小組十分鐘算每一個字的筆劃，用有顏色的筆寫在這個字的旁邊，再拿出甲乙本進行核對，全對就可以進行遊戲。每個字的筆劃就代表文字公寓的房價，如員外的「員」字房價為十元。 2.每一個人可以拿到一個積木來代表自己，都從起點開始進行，輪流丟骰子，丟到幾就前進幾步，如丟到「員」，就可以拿自己的透明片在上面蓋房子，每一間公寓最多只可以蓋三層，也就是說，「員」字上面如果已經有放透明片，我也可以再上疊透明片，但最多只能三層，也可以三層都是同一個顏色。生字表中穿插三個圖像以增加遊戲趣味，它們分別代表的意思是： (1) 天使：你是一個天使，用一句話讚美小組同伴。 (2) 骷顱頭：吃到毒藥，暫停玩一次。 (3) 監獄：要到左下角搭船到島外監獄，並暫停一次， 以上在哪裡蓋房子就要念那個字的造詞，盡量不要重複，到島外監獄的人也是要念認讀字的造詞。
遊 戲 變 形	造詞、生字成語

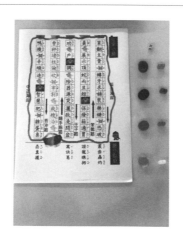

五、指尖陀螺大賭場

教　　　具	國語課本的生字表、一個貼有圓點貼紙的指尖陀螺、每個人十個透明片
遊 戲 人 數	三至四人
遊 戲 規 則	轉動一次指尖陀螺代表一回合，轉指尖陀螺前每個人先押寶，看要選定哪個字，指尖陀螺的圓點指向哪個方向，就代表押在這個方向的人可以有機會得分，怎樣可以拿到分數： (1) 說出部首得到1分 (2) 說出課本詞語可以得到2分 (3) 說出生字延伸詞語可以得到3分 (4) 說出生字成語可以得到4分 (5) 說出運用詞語造句可以得到5分 如，以圖片為例，圖片中圓點的方向並沒有人押寶，則大家可以拿回自己的透明片，再進行一次，若轉到頑字方向，押「頑」字的同學就可以試著說出部首或其他的項目來獲得分數，並自行統計得分，如果該局有人有押到寶，沒有押到的透明片就要被回收。當最後玩家的透明片都用完了，就可以統計個人的得分。
遊 戲 變 形	造詞、生字成語

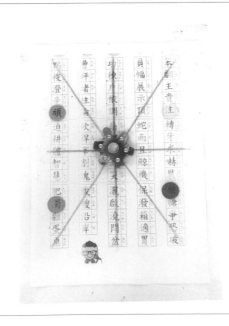

六、文字國神祕失蹤事件

教　　　具	每組一個小白板、一枝白板筆、一顆骰子
遊 戲 人 數	三至四人
遊 戲 規 則	1.情境塑造：文字國是個很有趣的國家，他們每天早上八點都要在總統府前排隊，住在同一條路上的人會排在一起，大家一起升旗後，才可以去上班，上面的人會報告昨天我們國家發生的大事，其中有一件事情需要大家特別注意，就是有大魔王綁架了文字國的人。 2.請學生先看文字國的成員有哪些，因為數量很多，所以小組內的人，要先討論誰要負責記哪一條路。 3.每組一共有四個成員，各有編號，如第一題由1號同學作答，要寫下失蹤的字，其他只能給予意見，不能幫忙寫，寫下後則安靜趴下，老師看哪一組動作最快，則給予打擊魔王搶救人質的機會，這時就要丟骰子，丟到1要寫國字注音，丟到2要寫部首，丟到3要寫形近字，丟到4要寫課本詞語，丟到5要寫造詞，丟到6則自選，若寫正確了，則搶救人質成功，獲得1分。老師並在此時複習這個字的相關訊息。準備跳到第二天的頁面前，老師大喊：「天黑請閉眼。」等跳到隔天的頁面時，老師大喊：「天亮請張眼。」然後開始作答題目。

左側方格（記下文字國的成員）：

猴	性	粉	嚴	烏
爺	農	塘	防	綿
漸	夫	摘	淹	淫
省	秧	紛	視	抖
飼	插	塵	算	脫
傷	豪	粒	鈴	瘦
各	累	熊	斷	妳
歉	糟	守	需	剛
桶	咦	沉	蠟	袖
憤	憐	雪	弱	撲
怒	歪	漫	況	緊
抓		寒	姨	企
胡		螢	離	擠
鼻		籠徐	危避	取

（路名標示：秧苗路、數學路、感恩路、颱風路、外套路）

小組同學分工負責不同的路，記下文字國的成員。

右側方格（文字國有成員被綁架了）：此方格與左側相同，惟「糟」字的位置為空白框。

文字國有成員被綁架了，請同學寫出失蹤的字。

正想對你說

　　從生字表可以翻玩許多創意，結合額外的媒材就可以進行不同的延伸。也可以讓小朋友自己發想創意，或許會碰撞出新玩法喔！

　　近年來桌遊融入家庭生活，也成為教學上的好朋友。我想在遊戲中快樂學習應是每個人的期待，充分運用課本的素材，再加上其他物品的擴充，國語課本就是桌遊板。

＼孩子，這是送給你的禮物 ／

老師的祝福

　　帶一個班級，短則一年，長則三至四年，我想著要給學生什麼紀念品，能代表我們曾經一起努力、堅持的痕跡，可以是一起唱歌的影片，也可以是校外教學的一張張合照，更可以是課堂上一起思考激盪過的作品，這些點滴都編織了我和學生們的回憶。

 **正會這麼做**

　　我在教室裡以「閱讀寫作」形成課程教學的主軸，當孩子離開我的班級，邁向下一個學習階段時，我希望送給他們一份具有深意的禮物。

一、日記時光隧道

　　班級聯絡簿是學生的日記本，也是家長溝通的渠道。我在山上帶了一個班級三年（四年級～六年級），學生每天在聯絡簿寫下不同主題的日記，三年間交織著師生、親師與學校生活的種種，所有的喜怒哀樂都在其中。我把這三年的聯絡簿（共六本）收集好，在畢業的前一天還給他們，沒有精美的禮物盒包裝，只有簡單的蝴蝶結緞帶裝飾，卻是滿滿的回憶。畢業前夕，學生看著自己在四年級所寫的日記，彷彿走進時光隧道，想起以前各種搗蛋事蹟，不禁莞爾一笑：「我以前怎麼這麼幼稚。」但，這不就是成長嗎？

二、小文青作品集

以往校刊徵件時，每一班只有六至八篇的限制，無法將每個人的作品都登上校刊，於是我以「小文青作品集」的方式來解套，讓每個學生都有自己專屬的刊物，人人都是主角。放寒暑假時，我會請學生把自己寫的作文謄寫至空白繪本上，至於要放進哪些文章，由學生自己做決定，再加上插圖，完成內頁後，著手設計封面，並為自己的創作集創思書名，這就是學生的第一本創作集。

我告訴學生：「這是你的創作集，以後可以當作你們家的『傳家寶貝』呵！」我還請家長幫孩子的創作集寫推薦序，家長在推薦序中寫出了他們的期許、驚喜與欣慰，讓這份作業多了一點溫度。另外，要考量並不是每一個家長都有時間這麼做，我也想出替代方案：請家長閱讀完孩子的創作集後，美言幾句簽名即可。

個人專屬的創作集

三、一人做一份班刊

剛開始教書時,我還會花時間作班刊,但自從有了LINE群組班級網頁後,訊息傳達的便利性取代了過去的班刊。可是,科技越來越進步,現存紙張的班刊紀錄就越顯得彌足珍貴。

當時的班刊只做一張兩面,簡單交代老師一個月內的觀察與發現,以及想要對家長說的話。可惜我的美工能力不足,做出來的班刊就像是行政報告。於是我有了讓學生一人編輯一份班刊的想法。

配合著康軒六上的統整單元四「班刊編輯」來進行教學,我發給學生兩張四開的圖畫紙,班刊名稱、封面設計、版面安排和內容及內頁美編,都讓學生自行發想設計。

有些孩子對於想放哪些內容沒有太多的想法,這時可以拿出校刊讓學生觀察,只要把學校發生的事情縮小至班級之內即可,有的孩子放了戶外教學的照片,有的孩子成為班級記者記錄班級活動,有的孩子羅列同學的得獎事蹟,每份班刊都記錄班級重要的人事物。

讓學生從自己的角度切入設計班刊,往往會有意想不到的收穫,人人的畫風迥異,各有千秋,老師收到用心的作業如收到禮物,相當賞心悅目。

學生自行發想設計一份班刊

四、不一樣的班級圖書角

　　根據心理學研究，柴嘉妮效應（Zeigarnik Effect）會讓人們把殘缺不圓滿的事物更加牢牢記在心中，那些想要做到，卻未能完成的點滴，會永遠記在心中，因為這屬於自己的「未竟事務」。我班上有個孩子提到想要和同學一起設計一個圖書角，這是他的願望，我心想：如果是孩子自己設計的圖書角，是不是更能夠吸引孩子來閱讀呢？

　　布置原有的圖書角，可能是一件小事，但是，創造一個新的圖書角，卻是一大挑戰，從無到有，孩子需要進行整體規劃，在設計及搭建的過程中，因應不同的狀況，需要有不同的作為，從中可以培養系統思考。從創意發想到實作產出，都是孩子們彼此激盪、嘗試錯誤的歷程，甚至意見相左的爭吵，都是珍貴的禮物。

　　我敬佩他們的毅力與創意，看著他們在每節下課的十分鐘，珍惜可以創作的時間，甚至在科任教室上課，下課時間也跑回教室繼續努力，我心中甚為感動。

　　完工後的圖書角，班上孩子稱之為「哈利波特的小屋」，這實在是太特別了，原來孩子在閱讀《哈利波特》時的天馬行空，透過實作讓實體矗立於教室中。孩子創意的形塑非一蹴可幾，他們彼此交流，讓藝術創作跳脫自己的單一想法，以臻多元綻放。透過實作讓孩子完成在國小階段的未竟事務，由自己畫上圓滿的句點，沒有遺憾的帶著收穫與喜悅，躍上人生另一個學習階段。

　　這個閱讀活動也吸引了家長的目光，從家長傳來的訊息中可以窺見孩子對這個活動的熱愛。這個活動除了可以活化教室空間之外，更銜接孩子的職業試探。

班級圖書角開幕剪綵活動

正 想 對 你 說

　　我的高中英文老師曾經在高一時送給我們一篇文章——〈畢業禮物〉，讓我們從中體會學習是自己的事，我覺得這是高中老師送我最棒的禮物。當我自己帶畢業班時，也送給學生同一篇文章，提醒孩子也警惕自己，並將這份禮物「傳承」下去。

　　有價值的事物，會永遠刻在心中，因為自己曾經努力過。我想對孩子說：「有時，你覺得老師或爸爸媽媽不夠懂你的時候，一定要記得我們愛你的那顆心。」願這些禮物讓孩子擁有最棒的國小回憶，回首來時路，珍惜一起走過的生活片刻。

附錄

月日 值日生⋯

附錄

內場正在熱、同場加映中

108課綱國語文領綱中，揭示了許多關於國語文教學的重點，在這本書的第16計中亦有簡易介紹。我想在附錄中，再同場加映其中的教材選編、教學實施以及學習評量三大面向，讓老師更能夠掌握領綱且善用教材，讓這本書的運用效益提升，素養教學熱起來。

一、教材選編篇：

教材可考慮單元設計，各單元呈現相同文本表述或主題，便於讓學生自主學習。如以文本表述方式為單元設計原則，宜由具體到抽象，由淺而深編排，並融入適當的學習策略；如以主題為單元設計原則，應適切融入議題。

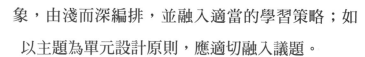

目前現行三大版本的課文都是以單元為編排，四個單元的主題明確且各自獨立，容易形成統整性

閱讀。老師行有餘力，可以延伸更多類似主題的文章，讓學生可以不僅「讀懂」，還能「讀多」。

　　而這些類似主題的文章哪裡找呢？其他版本的課文就會是很好的選擇，例如：讀了南一版的〈漫遊花東〉，老師可以補充翰林版的〈山與海的交響樂——東海岸鐵路〉，引導學生文章「對讀」，增進對於花東地區有更多元的認識及豐富的想像，甚至導入簡單的圖像組織來形成概念。

　　當學生在類似主題的內容中大量的讀，可以比較內容、比較架構、比較主旨、比較首尾段寫法……等等，從課內至課外的閱讀拓展就輕鬆達成，以大量閱讀來輕鬆達標。

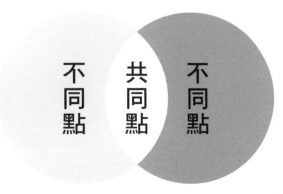

〈漫遊花東〉　　〈山與海的交響樂——東海岸鐵路〉

二、教學實施篇：

個別教學：輔導學生以自學的方式進行個別練習或獨立閱讀、寫作等學習活動。

不同的閱讀理解策略宛如一把把鑰匙，學生掌握策略即擁有打開知識大門的鑰匙。閱讀理解策略的導入，無非就是為了引領孩子形成「獨立的閱讀者」，期待學生能夠透過閱讀來自學，而老師的重要任務就是布上類似的情境，讓學生在情境中「舉一反三」。

例如：讀了康軒版本的〈蚊帳大使〉，老師可以將南一版的〈活出生命的奇蹟〉和翰林版的〈用手指舞出動人的交響曲〉及〈用膝蓋跳舞的女孩〉等三篇文章，當作有系統的「自學教材」。

課內教學生推論人物特質，如，你覺得凱薩琳是一個怎麼樣的人？學生要能回答這個問題，得先從文本中找支持的理由。一旦學生習得了推論方法，另外三篇類似的文本就是讓學生練習「舉一反三」以進行學習遷移。

舉一（課內）	反三（課外）
〈蚊帳大使〉 **學習遷移：推論策略** →	〈活出生命的奇蹟〉 〈用手指舞出動人的交響曲〉 〈用膝蓋跳舞的女孩〉

再如高年級一定會讀到的古詩中，我發現王維和蘇軾的詩作出現的頻率頗高，以新課綱五上三大版本的古詩為例：

康軒版（山中寄情）：

〈送別〉（王維）、〈秋夜寄丘員外〉（韋應物）

南一版（漫遊詩情）：

〈鳥鳴澗〉（王維）、〈早發白帝城〉（李白）

翰林版（美景閒情——詩兩首）：

〈鹿柴〉（王維）、〈鳥鳴澗〉（王維）

每一版本都出現了王維的詩，當學生在課內讀〈送別〉，課外就能補充〈鳥鳴澗〉和〈鹿柴〉，從三首詩中感受「詩中有畫，畫中有詩」的風格，讓王維成為學生的寫作教練，學生學習寫景的各種技巧，這不也是一舉多得嗎？

三、教學評量篇：

學習評量應與教學緊密結合，由教學目標決定評量內容，並由評量結果導引教學。

評量評什麼來自於教學教什麼，教學教什麼來自於備課備什麼，因此評量、教學及備課形成黃金金三角且牽動著彼此，因為評量結果會指引老師在下一次備課的方向，根據學生在評量上的表現調整教學目標。

在評量中如何運用這篇附錄呢？以往我在命題時，第一大題是「聆聽測驗」或是文章式的寫國字注音，而學生在第一大題所聆聽或閱讀的文章，我依舊會從其他版本的課文著手，例如：考試範圍內的課文有名人傳記，考試時的聆聽測驗亦為名人的故事，讓評量考試卷成為延伸閱讀的新天地。

目前三個版本的教科書都會放自學篇目，老師也能從其他版本的課文中找到適合目前課程的文章，形成更具主題性自學篇目，更加符應班級上的教學需求，從教材選編、教學實施以及學習評量等三大面向，貫徹「從讀懂到讀多及寫好」的讀寫策略。

所以最後整理了三大版本關於人物、說明文本、故事、童詩和新詩等課文，方便老師進行教學、評量使用。

　　三大版本的課文都得經過審查，因此內容篇幅皆適合運用於課堂之中。這一份整理減少了老師找文章的時間，把力氣和心力放在更美好的人事物吧！

三大版本「人物」相關課文

康軒版	南一版	翰林版
3下第3課 遇見美如奶奶	3上第7課 最年輕的奶奶	2下第7課 孵蛋的男孩
3下第4課 工匠之祖	3上第8課 魔「髮」哥哥	2下第8課 點亮世界的人
4上第4課 永遠的馬偕	4上第5課 高舉臺灣之光	3下第1課 拔不起來的筆
4上第5課 假如給我三天光明	4下第5課 活出生命的奇蹟	3下第2課 還差一點
4上第6課 攀登生命的高峰	5下第2課 在黑暗中乘著音樂飛翔	3下第3課 用膝蓋跳舞的女孩
5上第1課 蚊帳大使		4上第4課 飛行夢
5上第8課 最勇敢的女孩		5下第4課 滿修女採訪記
		5下第10課 擅長推理的人

三大版本「說明文本」相關課文

康軒版	南一版	翰林版
3上第9課 馬太鞍的巴拉告	3上第12課 昆蟲的保命絕招	3上第6課 小鉛筆大學問
3下第9課 臺灣山椒魚	3下第3課 愛玉變身術	3下第9課 就愛兩兩在一起
4上第4課 米食飄香	3下第10課 地球的眼淚	4下第5課 快樂兒童日
4下第9課 向太空出發	3下第12課 騎樓	5上第4課 來場快樂的桌遊
5上第5課 它抓得住你──商標的故事	4上第6課 臺灣的驕傲	5上第6課 世足賽的贏家
5上第6課 故事「動」起來	4下第10課 想像與發明	

三大版本「故事」相關課文整理

康軒版	南一版	翰林版
2上第7課 國王的新衣裳	2上第7課 等兔子來撞樹	2上第2課 踩影子
2上第8課 聰明的小熊	2上第8課 角和腳	2上第3課 謝謝好朋友
2上第9課 大象有多重	2上第9課 赤腳國王	3上第4課 猴子的數學
2下第3課 彩色王國	2下第3課 小波氣球飛上天	3上第5課 神奇的盒子
2下第8課 黃狗生蛋	2下第10課 點金術	3下第1課 拔不起來的筆
2下第9課 神筆馬良	3上第5課 火大了	3下第2課 還差一點
2下第12課 巨人山	3上第6課 我該怎麼辦	3下第10課 飛行員和小王子
3上第3課 繞口令村	3下第4課 楊修猜字	3下第11課 畫龍點睛
3上第5課 小丑魚和海葵	3下第6課 一飛沖天	3下第12課 掉進一個兔子洞
3上第10課 狐狸的故事	4上第10課 老鼠嫁女兒	4上第7課 松鼠先生的麵包
3上第11課 巨人的花園	4上第11課 豆粥婆婆	4上第9課 王子折箭
3上第12課 奇特的朋友	4上第12課 戴斗笠的地藏	4下第3課 石虎兄妹
3下第4課 工匠之祖	4下第12課 九蛙傳奇	4下第10課 孫悟空三借芭蕉扇
3下第5課 學田鼠開路		4下第11課 最後一片葉子
3下第11課 聰明的鼠魚		5上第3課 廉頗與藺相如
3下第12課 還要跌幾次		5下第11課 草船借箭
4上第10課 奇幻旋律		
4上第11課 兔子先生等等我		
4上第12課 許願椅		
4下第10課 小青蛙想看海		
4下第11課 窗前的月光		
4下第12課 如來佛的手掌心		
5下第2課 智救養馬人		
5下第10課 玉米人的奇蹟		
5下第11課 幸福的火苗		
5下第12課 神農嘗百草		

三大版本「童詩、新詩」相關課文

康軒版	南一版	翰林版
1下第1課 看	1下第1課 太陽是充電機	1下第1課 小花狗
1下第2課 花園裡有什麼？	1下第3課 山中音樂會	1下第5課 窗外的小麻雀
1下第4課 鞋	1下第4課 書是我的好朋友	1下第6課 毛毛蟲過河
1下第7課 做夢的雲	1下第6課 鄰居的小孩	1下第8課 數不完的泡泡
1下第9課 七彩的虹	1下第7課 畫畫	1下第10課 發芽
1下第10課 和你在一起	1下第10課 井裡的小青蛙	2下第1課 種子旅行真奇妙
2上第3課 走過小巷	2上第1課 打招呼	2下第4課 一場雨
2上第4課 運動會	2上第4課 一天的時間	2下第10課 醜小鴨
2上第7課 國王的新衣裳	2上第7課 等兔子來撞樹	2下第12課 玉兔搗藥
2上第10課 我愛冬天	2上第12課 到野外上課	3上第1課 時間是什麼
2下第1課 春天的顏色	2下第1課 彩色心情	3上第7課 風的味道
2下第4課 我爸爸	2下第4課 小水珠，去哪裡	3下第4課 靜靜的淡水河
2下第7課 月光河	2下第7課 傘	3下第12課 掉進一個兔子洞
3上第1課 心的悄悄話	3上第1課 你好，新朋友	4上第4課 美麗島
3上第4課 有你陪伴	3上第9課 穿白袍的醫生伯伯	4上第12課 寧靜的音樂會
3上第10課 狐狸的故事	3下第1課 最美的模樣	4下第1課 稻間鴨
3下第1課 許願	3下第7課 井仔腳鹽田	4下第4課 阿里棒棒
3下第10課 漁夫和金魚	3下第10課 地球的眼淚	5上第1課 你我之間
4上第1課 水陸小高手	4上第4課 玉山之歌	5下第1課 鵝鑾鼻詩
4上第4課 米食飄香	4上第8課 四季的頭髮	
4上第10課 奇幻旋律	4下第4課 蝶之生	
4下第1課 選拔動物之星	5上第8課 嘗嘗我的家鄉味	
4下第7課 未來的模樣	5下第7課 魔術師爸爸	
5上第3課 憧憬		
5下第8課 你想做人魚嗎？		

國家圖書館出版品預行編目資料

林用正老師課堂讀寫36計/林用正著；BOB圖. -- 初版. --
臺北市：幼獅文化事業股份有限公司, 2023.07
面；　公分. --（工具書館;18）
ISBN 978-986-449-294-7(平裝)

1.CST：漢語教學 2.CST：寫作法 3.CST：小學教學

523.313　　　　　　　　　　　　　　112008707

・工具書館018・

林用正老師 課堂讀寫36計

作　　　者＝林用正
繪　　　者＝BOB
出 版 者＝幼獅文化事業股份有限公司
發 行 人＝葛永光
總 經 理＝王華金
總 編 輯＝林碧琪
主　　　編＝沈怡汝
特約編輯＝陳秀琴
美術編輯＝李祥銘
總 公 司＝(10045)臺北市重慶南路1段66-1號3樓
電　　　話＝(02)2311-2832
傳　　　真＝(02)2311-5368
郵政劃撥＝00033368

印　　　刷＝龍祥印刷股份有限公司　　　幼獅樂讀網
定　　　價＝400元　　　　　　　　　　http://www.youth.com.tw
港　　　幣＝133元　　　　　　　　　　幼獅購物網
初　　　版＝2023.07　　　　　　　　　http://shopping.youth.com.tw/
書　　　號＝988153　　　　　　　　　e-mail:customer@youth.com.tw

行政院新聞局核准登記證局版臺業字第0143號